新安文化丛书 一

XIN'AN WENHUA CONGSHU

新安考古

宫希成 编著

文物出版社

中共淳安县委宣传部
中共淳安县委党史研究室
淳安县人民政府地方志办公室
淳安县政协文史和教文卫体委员会
编

图书在版编目（CIP）数据

新安考古 / 宫希成编著. -- 北京 : 文物出版社，2024.7
(新安文化丛书. 一)
ISBN 978-7-5010-8399-2

Ⅰ. ①新… Ⅱ. ①宫… Ⅲ. ①考古发现－淳安县 Ⅳ. ①K872.554

中国国家版本馆CIP数据核字(2024)第067637号

新安考古

新安文化丛书一

编　　者：中共淳安县委宣传部
中共淳安县委党史研究室
淳安县人民政府地方志办公室
淳安县政协文史和教文卫体委员会
著　　者：宫希成
责任编辑：孙　霞
封面设计：方　卓
责任印制：张道奇

出版发行：文物出版社
地　　址：北京市东城区东直门内北小街2号楼
邮　　编：100007
网　　址：http: //www.wenwu.com
邮　　箱：wenwu1957@126.com
经　　销：新华书店
印　　刷：杭州富春印务有限公司
开　　本：787mm×1092mm　1/16
印　　张：417.25
版　　次：2024年7月第一版
印　　次：2024年7月第一次印刷
书　　号：ISBN 978-7-5010-8399-2
定　　价：2880.00元(全18册)

总　序

新安文化是指新安江流域文化。

新安江是钱塘江的正源，源头分为两大支流。南支称率水，为新安江主源，发源于安徽省休宁县五龙山脉的六股尖；北支叫横江，源于黟县五溪山主峰白顶山。两支源流在屯溪汇合，流至歙县浦口一段称渐江，歙县浦口以下至浙江省建德县与兰溪相汇处称新安江。新安江与兰溪汇合后称富春江，到萧山闻家堰称钱塘江，流至杭州湾入海。

新安江流域地处闽浙山地的北缘，黄山、天目山、白际山、五龙山、千里岗、龙门山六大山脉盘桓其间，山地及丘陵占十分之八九。新安江水呈树叶网络状，由西向东辐射，地势也是由高及低逐步下降。流域平均海拔 800 ~ 1000 米，处在山岭川谷之中。俯视江南，附近的江西、浙江、江苏、安徽，均在其下。地处新安江源头的徽州，有“吴头楚尾”之说。杜牧诗云：“溪山侵越角，风壤尽吴根。”非常准确地描写出新安江流域的地理位置。

新安江流域以黄山山脉为界，南坡有流向东南钱塘江的新安江水系，直达杭州，是前往江南的捷径；流向西南鄱阳湖的阊江水系、乐安江水系，直达饶州、九江；北坡有直接流入长江的青弋江、秋浦河水系，直达池州、安庆、芜湖长江沿线。新安江下游严州府与兰江相接，向南直达金华、衢州，是前往江西、福建的捷径。陆路虽地势高耸，山路崎岖，但由于地处皖、浙、赣三省交界，成为全国的交通网络中重要的一环。

魏晋时期，由杭州经新安江前往江西、福建的通道，是全国交通枢纽上的重点线路。宋永初三年（422）秋，谢灵运离开建康（今南京）赴任永嘉郡太守。他沿钱塘江、富春江溯流而上，经桐庐、建德、兰溪，转由婺江到永嘉，途经桐庐写下《初往新安至桐庐口》诗。唐代以前，北方通往南方的三大干线，其中两条干线经过新安江流域。一条由洛阳东行至汴州，循运河东南而下，经杭州，沿钱塘江溯流而上，经睦州、婺州、衢州、信州至江西、福建和岭南道。另一条由洛阳走陆路，经汝州、许州至陈州，过寿州、庐州，渡江至采石，经宣州、歙州到睦州，经婺州、衢州，再选择西行或南行通往福建、江西和岭南各地。宋以后，新安江流域交通线路更是呈放射状，四面通达。虽然山道崎岖，水路湍急，路途稍显艰难，但无论水路、陆路，前往江西、湖北、福建、南京、杭州都是必经的捷径。

人类逐水而居，河流是人类文明的摇篮。先秦时期，新安江流域先属吴，吴亡属越，越灭属楚。秦末，在新安江中游和上游设黟、歙二县，下游则归富春县管辖。东汉建安十三年（208），分歙地置始新、新定、黎阳、休阳四个县，加上原来的黟、歙二县，就有了六个县，以这六个县新设新都郡，郡治设在始新县治新定里（今淳安县威坪镇）。黄武四年（225），析吴郡富春县地置建德、新昌、桐庐、新城四县，建德县、新昌县（后改寿昌）地处新安江下游。其后新安江流域郡、州、府级机构，先后更名或改设为新宁郡、新安郡、东阳郡、遂安郡、婺州、睦州、歙州，最后定名为徽州和严州；县级机构先后更名或改设为新安江上游的歙县、黟县、休宁县、祁门县、绩溪县、婺源县，新安江中游的淳安县、遂安县，下游的建德县、寿昌县。

新安文化的地域范围，以新安江上游古徽州一府六县，即歙县、黟县、休宁县、祁门县、绩溪县、婺源县，以及新安江中下游古严州的淳安县、遂安县、寿昌县、建德县为核心区域。新安文化的时空概念起自史前文明，迄于1949年，根据研究需要适当后延。其内容涉及哲学、经济、社会、教育、学术、文学、艺术、工艺、建筑、医学等诸多学科，凡与新安江流域社会历史发展有关的内容，均是新安文化的范畴。

新安江流域是我国原始文化的一个独立发展单元，一步步走来，没有停留，没有断代。历经早期文明、晋唐兴起、五代至元崛起、明清鼎盛和近代转型五个发展阶段，形成新安文化的完整体系。

1974年11月，在建德县上新桥村乌龟洞发现一枚人的犬齿化石，被命名为“建德人”，属于晚期智人类型，距今约五万年。同时，新安江流域分布着大量的旧、新石器时代遗址，承继“建德人”的文化发展。1959～1975年，新安江上游的屯溪西郊奕棋村先后发现8座西周至战国早期的墓葬。出土的青铜器、原始青瓷和几何印纹硬陶，在形制、纹饰和构图风格上，具有浓厚的越文化特色。史称当地人为越族，人民性格强悍，尚武好斗，文化礼仪相对薄弱。通过地方行政治理过程中的教化，当地越人在了解和接受中原人的生产、生活方式后，道德观、价值观、文化崇尚等方面均发生变化。

晋唐时期，新安文化兴起。晋代的“永嘉之乱”和唐代的黄巢起义是中国历史上的两件大事。它不仅造成西晋和唐朝的灭亡，导致中国社会的分裂，而且对我国南方的发展产生深远的影响。“永嘉之乱”和黄巢起义期间，中原士族比较集中地迁入新安江流域，现存的徽、严二州不少姓氏族谱中，对始迁祖的追溯都上溯到这一阶段。中原士族大量迁入以后，以其自身的文化素养和生活习惯渗透民间，改变了新安江流域越族的风俗习惯，越族尚武习俗与中原儒雅之风融合，儒家思想的仁义忠孝和修身齐家理念，开始在新安江流域流行。休宁吴少微的“吴富体”在文坛崭露头角，新安江下游的“睦州诗派”更是享誉诗坛。

五代至元，新安文化崛起。这一阶段新安江流域的教育与科举得到长足发展，仅南宋时期徽州、严州二府进士就有806名。南宋理学大儒朱熹祖籍徽州，曾两次回徽州省墓、探亲、授课，并在严州丽泽书院、遂安瀛山书院讲学论道。新安人读朱子之书，秉朱子之教，以邹鲁之风自恃，形成新安理学学派，使得朱熹理学在新安江流域广为流传，对整个流域的文化形成和演变起到关键作用。文风郁起，留下很多脍炙人口的作品，如胡仔的《苕溪渔隐丛话》和方岳、方逢辰的诗歌，在全国诗坛都占有一席之地。徽州刻书和严州刻书，在中国刻书史上贡献卓著。制瓷技术、医学、植物学、光学、生物学等科学技术都取得一定成就，其中歙县张杲淳熙十六年（1189）写成的《医说》一书，是中国医学史上第一部医史传记。

明清时期，新安文化进入鼎盛。私学、官学和书院教育同步发展，推动新安江流域科举繁荣兴盛。淳安人商辂“三元及第”，于明宣德十年（1435）乡试、正统十年(1445)会试及殿试均为第一名。理学、心学与朴学相互融合发展，理学家们提倡“和会朱陆”，阳明心学受到欢迎。清康熙、乾隆时期，新安学者提倡实事求是的治学精神，开创朴实的学风，成为清代学术的主流，朴学领袖戴震更是中国哲学史上的唯物主义启蒙思想家。文学艺术百花齐放，新安画派是明清文人画的正统继承者，徽派版画代表了中国传统版画的最高成就，徽派篆刻成为中国文人篆刻的主流，徽剧乃京剧之母。科学技术成就斐然，新安医学所主张的“固本培元”理论，是中国传统医学中的精华；程大位是中国历史上珠算集大成者；郑复光《镜镜詅痴》集当时中西光学知识大成。

近代，新安文化开始转型。光绪二十六年（1900），歙县基督教堂在城内创办崇一学堂，迈开新安江流域兴办新式学堂的第一步。在西方近代科技和工业革命的影响下，实业救国成为潮流，培养近代农林、商业、工业人才，是教育转型过程中的重要一环。光绪三十四年（1908），戴英在休宁县隆阜珠里创办新安江流域近代第一所职业学校——休宁初等农业学堂。随后，徽州乙种商业学校、淳安县初级实业小学、建德县浙江省立甲种森林学校等相继开办。新安学术也开始向近代学术思潮转型，胡适成为近代文化转型中承上启下的关键人物。文学艺术在转型中得到提振，其中由汪渊集句成词、其夫人程淑笺注的《麝尘莲寸集》，以词集词，前无古人。黄宾虹成为近代中国绘画领域中的一座高峰；黄士陵的篆刻形成自己的艺术风格，被称为“黟山派”。“徽路徽戏”和睦剧得到全面发展。

新安江流域自古为越族领地，随着中原士族的迁入，中华儒家文化的价值观“修身齐家治国平天下”，在这里不断积淀，形成尚武自强、重教崇文、俗尚文雅、治生重商的区域特征。

新安江流域早期越人以尚武著称。明清时期，新安江流域百姓依然习武自强为常。至今民间仍留存不少延请拳师的“拳关”文书。明万历休宁程冲斗所著《耕余剩技》，是中国武术史上的名著。绩溪县张横秋更是以武术名世，在武术史上形成“豫徽武术”流派，其拳术至今仍在新安江流域流传。很多文人在习文的同时练武，明末休宁县抗清义士金声不仅文章出彩，而且武艺高强。休宁画家汪肇，喜好持矛舞剑。新安朴学后期的重要学者汪宗沂，通拳术、剑术、马术，喜谈兵。他的学生许承尧、黄宾虹，一个是著名诗人，一个是著名画家，跟着汪宗沂学习时，练剑、骑马也是必备的功课。

中原士族迁居新安江流域以后，注重文化传承。这种传承使得新安江流域重视教育，崇尚文雅。朱熹提倡读书，研究学问，从事著述，强调“穷理之要，必在于读书”。新安理学的兴起，增强了新安江流域的读书氛围。儒家思想被塾师细化在自己教学实践中，塾师编写的大量蒙学教材中，将儒家的道德观念灌输给学童。在新安理学的影响下，新安江流域读书著述之风盛行，形成“十家之村，无废诵读”的景象。宋元以来，被称为“东南邹鲁”。

随着儒家思想向民间基层渗透，礼教在老百姓中扎根。民间礼仪以朱熹《家礼》作为依据，渗透于各个家庭。休宁《茗洲吴氏家典》根据《家礼》，结合本宗族的情况，规定冠婚丧祭的礼仪，作为子孙后代遵行的法典。民国遂安《高峰朱氏宗谱》卷三《家训》对子弟的礼仪教育写得非常具体，结合家族特点，将礼教具体化，教育族人如何做人、做事，各项规范要求明确，可操作、能监督，俗向文雅，成为“礼下庶人”的典范。

新安江流域有一个异于全国其他地区的现象，就是人们以经商致富为荣，从商成为风气。新安学者提倡职业不分卑贱，引导民众经商，鼓励商人创业，提倡“廉贾”价值观。地方士绅还通过各种方式为商人代言，创造良好的经商环境。学者的倡导、士绅的鼓励，对不轻视商业、不以经商为耻社会风气的形成，起到极大的促进作用，使新安人在观念上获得解放，理直气壮去经商，造就了雄飞于中国商界三百年的新安商人集团。

新安文化不断兼收并蓄，坚持实事求是，遵循儒雅中庸的发展过程，构成以“包容、探索、和谐”为核心的人文精神。

在沉淀中原汉文化和践行儒家思想的过程中，新安江流域不断地塑造自身的人文精神，推进新安文化的发展。新安文化的形成，是中原汉文化与当地土著越文化进行融合的过程。在两种文化的融合过程中，汉文化虽然是强势文化，但具有很强的包容性，促进了越文化的自然融合，从而产生出新质的新安文化。这种包容性，在新安文化发展过程中，贯穿始终，成为新安文化特色。兼收并蓄的包容精神，体现了新安文化的博大气象，是新安文化得以发展的源泉。

在新安文化发展过程中，新安人一直遵循实事求是的原则，博学求知，努力探索规律，追求真理，勇得时代风气之先。朱熹提出“濯去旧见，以来新意”；戴震主张“不以人蔽己，不以己自蔽”；胡适要求“重新估定一切价值”，都是不懈求索、勇得时代风气的典范。实事求是的探索精神，体现了新安人的思辨能力，是新安文化得以不断创新发展的动力。

新安文化是宋以后中国儒家文化在民间社会最完整的体现和典型范例，其儒雅中庸的内质得到很好的体现。“薄利多销”成为新安商人的经营手段，自己少赚些，让消费者不吃亏，成为“中庸”思想在商业领域的一种表现，即双赢。新安宗族在“中庸”思想的指导下，和睦相处，很少发生械斗。就是宗族间有了矛盾，也是协调处理，互相谦让。在艺术上，也非常讲究中庸平和。新安篆刻中的雅逸隽秀、平和光洁；新安版画内蕴的恬静和安乐，也是儒雅中庸的一种表现。儒雅中庸的和谐精神，使得新安江流域社会平稳安定，是新安文化不断发展的基础。

新安江流域靠近越文化核心区，其文化既具有新安文化特点，又带有钱塘江流域良渚文化特色，体现出新安文化与良渚文化融合的趋势。对河系流域上下游文化碰撞、交融的研究，具有重要价值。

新安江流域至今保存下来的地面文物遗存 10000 多处、8000 余种文献、100 余万件文书，跨越千年历史，涵盖政治、经济、文化各个领域。尤其地面文物遗存、非物质文化遗产和文书档案，均为第一手资料，是人们了解中国封建社会后期农村社会实态不可多得的资料，为按历史本来面貌做综合实态研究创造了前所未有的有利条件。中国社会科学院历史研究所周绍泉先生指出："以徽州文书为代表的历史文书档案为主要资料，综合研究历史社会实态，将是我们这个时代的学术潮流。"

新安文化是中国封建社会后期传统文化的典范，独树一帜，在各自领域都处于领先位置。从新安文化中提炼出来，形成新安宗族、新安学术、新安商人、新安教育、新安建筑、新安书画、新安工艺、新安科技、新安文学、新安戏曲、新安饮食、新安民俗等文化现象，是新安文化中的精华，学术界在研究专业史时无法绕开这些课题。对新安文化展开研究，实际也就是对中国封建后期传统文化展开研究，窥一斑而见全豹，具有普遍的学术意义。

新安江流域四面环山，作为一个独立的自然地理单元，风景秀丽，人们的审美观受到山水环境的影响。新安四雕艺术、文房四宝艺术、盆景艺术、新安书画、新安文学等，都是新安江流域自然环境同新安人审美观相结合的产物。而新安饮食、方言的形成，同新安江流域独特的自然地理环境及资源有关；新安宗族社会构成和村落结构，同新安地理环境也是密切相关，具有地理文化单元的人类文化学研究价值。

新安文化是移民文化，中原士族的内迁，决定了其社会与文化的诸多现象和特点，受到中原文化的影响。同时，新安文化的昌盛与发展，还存在着一个由新安江流域再向外移民的过程，并对侨寓地的文化产生影响。如新安学术、徽剧、新安艺术、新安刻书、新安篆刻等对扬州学派、京剧、江南园林、江南版画、浙派篆刻都有渗透和影响。研究新安文化，可以获得中华大文化融合各民族文化、各地方文化的一般与个别规律，为繁荣中华大文化作出贡献。

新安江流域是宗族社会。明清时期，农村基层依靠宗族自治管理，有不少好的做法。现存不少宗族公约中有值得学习和借鉴的条文，如禁止乱砍滥伐和禁止赌博等。从内容上看，它们符合当今所提倡的环境保护和社会文明的主旨。从实施机制上看，它不是依赖于行政系统，而是靠"公约"的形式自我约束，这给建设社会主义新农村带来启示，村民自治要以农民为主体，增强农民的自觉意识，而不是靠行政手段。新安文书中的商业合同，反映了新安人市场观念的成熟；分家契约反映了新安人既遵从中国传统的伦理观，又理性地处理家庭财产等经济问题；诉讼文书，反映了古代新安江流域民间已经有较强的法治观念。新安江流域古村落人与自然和谐，以人为本的思想贯穿村落建设，村落中的防火措施、水系设计都十分讲究，科学性很强，给当代环境规划设计带来启示。

新安文化博大精深，对新安江流域上游的徽州文化研究，已经成为一门专门的学问——徽学。但对整个流域的整体研究还是一个空白，编撰《新安文化》丛书，可以填补全面涵盖新安江全流域文化的研究空白，力求科学、全面、准确、系统地展示新安文化的各个方面，对于新安文化学术研究及开发利用，是一件十分有意义的事情。

《新安文化》丛书编撰委员会

2023 年 4 月

目 录

前　言

新安江发源于安徽省黄山市休宁县境内，上游有两大支流，南支称率水（现代水文作为正源），北支称横江，于屯溪城区汇合后，始称新安江，由屯溪向东北流入歙县境内，至皖浙省界街口入新安江水库。在浙江省西部经淳安至建德与兰江汇合后为钱塘江干流桐江段、富春江段，东北流入钱塘江。

新安江为山区河流，河形弯曲，河面宽窄不一，河道特点是滩多、水浅、流急。安徽省境内河床总落差49.9米，平均比降0.64‰，河床多为卵石夹沙和岸石。安徽段盆谷由盆底平原（休歙盆地、绩溪盆地）、台地和盆缘丘陵、低山地貌类型组成。盆底是长期发育的断陷带，随着断陷中心不断向北迁移和扩大，盆谷的规模日益增加，东部最宽处20～25公里，西部最宽达12～18公里。新安江主支流流经其中，形成了较宽广的平原。平原后缘有狭长台地，平原上散落一些由紫红色砂岩、粉砂岩组成的浑圆状低丘。盆缘由丘陵、低山组成，海拔分别为300～400米、500～600米，坡度陡峻，多由千枚岩、片岩和板岩等组成。浙江境内地貌以丘陵低山相间河谷平原为主，地处浙西丘陵山地和金衢盆地毗连处，地表以分割破碎的低山丘陵为特色，大部分地区地质构造属钱塘江凹槽带，山岭属天目山、千里岗和龙门山系。 新安江水库建成后，对局部区域地貌的影响比较大。

新安江流域为多雨地区，河系发育健全，河网密度大。流域处于北亚热带，地貌类型多样，平原、岗地、丘陵和山地俱全，但各个副区间差异显著。区内年平均气温除个别地段外，均在15℃以上，越冬期不明显，无霜期220～260天，年雨量900～1700毫米。充沛的降水给新安江流域提供了一个常年葱郁、四季飘香的优越生态环境，利于各种作物的生长，特别是对喜温湿的早稻和茶、桑、竹、麻以及多种瓜果的生长。

灾害性天气主要有旱涝、暴雨、低温、高温等。

新安江流域山水佳美、物产丰富。独特的地理环境，孕育出独特的地域文化，地上地下均保存了大量的文物资源。在与周边地区长期的文化交融过程中，多样化的地理特点以及由此而形成的交通局限造成了文化面貌的多样化，但在不同的时期，各文化与本土文化融合发展到一定阶段后又形成了颇具特色的本地文化，成为中华文明形成和发展过程中的一个重要组成部分。

本文所介绍的，主要是中华人民共和国成立以来，流域内重要的考古发现和认识，起自旧石器时代，下限至战国时期。

本地区科学意义上的考古工作始于20世纪50年代，起步不算迟，但进展比较缓慢。大体经历了三个大的阶段。

第一阶段：20世纪50年代至80年代，基本上是一些零星的调查和发掘，包括淳安高祭台遗址、屯溪土墩墓、建德乌龟洞遗址的考古发掘，数量和规模都很小。50年代，安徽省博物馆曾进行考古调查，发现绩溪胡家村遗址，中国科学院等单位在浙江发现建德乌龟洞遗址等，以后在农田基本建设中又陆续发现一些。这一阶段最重要的是屯溪奕棋土墩墓的发掘，配合屯溪飞机场的建设陆续发掘了8座西周到春秋时期的墓葬，出土一大批器物，包括青铜器、印纹陶器、原始瓷器等，对本地区乃至整个中国南方地区的考古都具有极重要的意义。在浙江发掘的高祭台遗址，对本地区青铜时代的文化有了初步认识；建德发现智人阶段牙齿化石，增加了智人化石在中国分布的新知，具有十分重要的意义和价值。总之，此时尚处于起步阶段，对古文化的了解认识还非常肤浅，比如常常对新石器时代和商周时代遗物分辨不清，多把商周遗址笼统地判断为新石器遗址等等。

第二阶段：20世纪90年代至2015年，以1994年歙县下冯塘遗址和新州遗址的发掘为标志，开始主动性的考古工作，有了较明确的学术目标。在屯溪等地调查发现多处旧石器时代遗存，新州遗址的发掘首次揭示了新安江流域新石器时代文化的独特面貌，科技考古中的遥感、成分分析技术这一阶段也开始应用。这一阶段，有目的地开展了一些专题考古调查，特别是2007年至2011年期间开展的第三次全国文物普查，对全境的不可移动文物进行了大规模的全面调查，古代遗存的新发现大量增加，在种类和数量上都是空前的。按国家文物局根据此次普查结果编印的《中华人民共和国不可移动文物名录》的统计，新安江流域各地共发现登录有古遗址、古墓葬618处，其中安徽黄山市3区4县古遗址65处、古墓葬41处，宣城市绩溪县古遗址11处，浙江省淳安县古遗址26处、古墓葬325处，建德市古遗址67处、古墓葬103处。大量的发现为以后的考古和研究工作奠定了坚实的基础。通过普查和专题调查、发掘工作，使本区先秦时期的考古学文化面貌有了大致清晰的轮廓（框架）。

第三阶段：自2016年至今，在以前工作的基础上，开始进行深入发掘和研究，并已形成若干专门课题，学术目标更加明确。国家文物局批准的“考古中国——长江下游区域文明模式研究”项目，将新安江流域涵盖进去，涉及中华文明起源研究、地域文明研究等学科前沿课题。

浙江、安徽两省的考古工作者围绕课题，开展了又一轮系统的考古调查，并选择重点遗址进行发掘，如绩溪县胡家村遗址的发掘。同时开展多学科综合研究，从社会组织、人口、生业、技术、环境等多方面揭示新石器时代新安江流域的社会面貌和发展进程，极大促进了本区域考古研究的深入。

第一章　远古迷踪

——古人类的踪迹

在人类历史长河中，旧石器时代是最为漫长的一个阶段。旧石器时代是一个考古学名词，19世纪，丹麦学者汤姆森将人类发展进程分为石器、铜器、铁器三个时代，石器时代是以制作和使用石质工具为主要特点。之后考古学家又将石器时代细分为“旧石器时代”和“新石器时代”。“旧石器时代”以使用打制石器为特点，是人类历史的最初阶段；“新石器时代”则以使用磨制石器为主要特征。

所谓打制石器是指以人工击打的方法所生产的石器，主要以砾石和小石块制作简单的工具。[①] 打制石器的方法有多种，概括而言可分为直接打击法、间接打击法和压制法，其核心特点在于使用物体击打砾石或小石块使其形成一定的形状和锋利的刃口，形成可以使用的各种类型的石器（工具）。

当然，石器并非古人类使用的唯一材质的工具，但石制品可长存不腐，是万年以前考古遗址中最常见的遗物。对制作石器原料进行选择，并根据其物理性质采取不同的方法对石料加以利用，反映了远古时代的石器制造者对环境、功用等的思考与认识，是今天考古学解读古人行为的关键信息。

打制石器年代较早的发现于非洲，时间约在距今260万年前，以砍砸器、简单的石核和石片等为特点。所以，目前一般认为旧石器时代自人类开始制作和使用石质工具起，结束于新石器时代的开始，大约起始于距今260万年，止于距今1.2万年前后。根据考古发现可知，石器是人类最早使用的最重要的生产工具之一。

在新安江流域，发现了多处旧石器时代远古人类活动的踪迹。

---

① 王巍：《中国考古学大辞典》“旧石器”条，上海辞书出版社，2014年，第35页。

第一节 远古人类活动地点的发现

在20世纪90年代初期，安徽省文物考古研究所在新安江中上游开展了旧石器时代遗存的专项调查。在休宁—歙县盆地发现16处有更新世堆积物的地点，均属旷野类型，其中有3处旧石器地点。

这3处旧石器地点均在屯溪区，奕棋乡博村原屯溪砖厂和博村砖厂各1处，在屯溪机场西北约1千米；阳湖大桥东南约1千米原上洽阳砖厂1处。3处地点均位于河流的二级阶地、低矮的山丘上，都发育有网纹红土。[①] 依山傍水，自然环境较好。

以原博村砖厂为例其地层自上至下依次为：

第1层：棕褐色亚黏土，厚0.3米。为耕作层。

第2层：棕红色亚黏土，厚2～3米。土质较纯，层中夹有厚约0.2米的砾石层，砾石直径2～10厘米，岩性主要为石英砂岩、砂岩、沉积岩等。

第3层：黄色网纹红土，厚0.5～1米。底部有一次生的粗砂砾层，岩性主要为石英、硅质岩等。

第4层：棕红色网纹红土，厚3～4米。含有少量砾石。

第5层：紫色网纹红土，出露约1米。本层胶结较硬，与上部网纹红土之间有明显的侵蚀面，呈侵蚀接触关系。

3处地点共采集到石制品7件，推测应出土于网纹红土层。石器种类有直刃砍砸器、凸刃砍砸器、手镐、石锤和石核等。其中博村地点采集的HTB1手镐和HTB2直刃砍砸器2件标本，均有明显的使用痕迹。

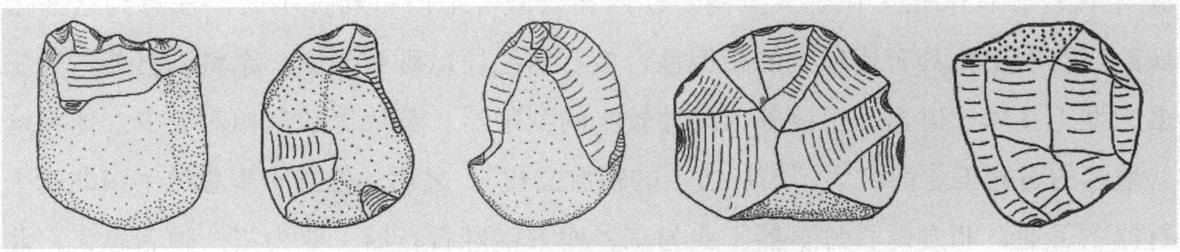

新安江流域采集的旧石器标本

① 房迎三、宫希成：《新安江中上游流域的史前遗存调查》，《东南文化》2000年第1期，第56～64页。

7件石制品的相关数据见下表。

屯溪采集石制品分类测量表

地点	编号	名称	长(毫米)	宽(毫米)	厚(毫米)	重量(克)	岩性
博村	HTB1	手镐	163	112	92	1680	石英砂岩
	HTB2	砍砸器	196	159	118	4855	石英砂岩
屯溪砖厂	HTC1	石核	205	171	167	5854	石英砂岩
	HTC2	砍砸器	144	162	104	2300	石英砂岩
	HTC3	石锤	145	113	92	1430	石英砂岩
	HTC4	石核	83	85	74	505	石英岩
上洺阳	HTQ1	石核	58	50	44	175	石英岩

这几处地点都在河流的二级阶地上、临近水源的盆地中，规模较小，显示当时在此活动的人数较少、活动范围不大，应是人类短期居留地或临时停留之处，在此活动的时间可能很短暂。石器均为就地取材，利用当地易得的河滩砾石，用锤击法打制加工，简单实用。其总体特点是尺寸较大、体型厚重、加工简单。与相邻的水阳江流域发现的宣城陈山旧石器时代遗址、[①]苕溪流域发现的安吉上马坎和长兴合溪洞旧石器时代遗址[②]出土的石器特征相近，同属中国南方的砾石石器主工业传统。其时代约在旧石器时代的中期（距今约20～10万年）。

所谓中国南方石器工业传统，是著名考古学家张森水先生提出的概念。20世纪80年代，张森水先生在观察湖南、江西和安徽等地旧石器标本时，注意到这些区域的旧石器文化具有比较大的相似性，如石器毛坯以砾石为主，原料以石英岩为主，多大型工具如砍砸器、手镐等，尺寸较小的刮削器、石片等数量相对较少。他将这些地区的石器工业命名为“长江边上的粗放文化”。之后，他进一步总结为南北两个石器主工业，北方以石片石器工业为主，南方以砾石石器工业为主。顾名思义，北

---

① 安徽省文物考古研究所等：《水阳江旧石器地点群1987～1998年考古发掘与研究报告》，科学出版社待出版。

② 浙江省文物考古研究所：《浙江考古新纪元》，科学出版社，2009年，第2～4、9～11页。

方石器毛坯多为石片，尺寸相对较小，多刮削器等小型工具，加工精致。[①]同时张森水先生也说，在两个大区内存在不同的小工业区，彼此既有共性又有区别。张森水先生的两种主工业理论，在一段时间内指导了中国旧石器时代考古的实践，很长时间内甚至现在，仍在被一些学者使用。

第二节　建德人

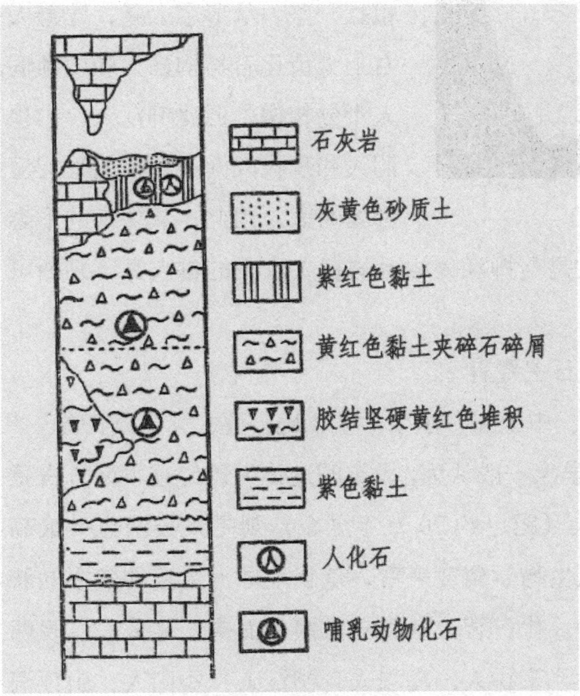

乌龟洞柱状剖面图（采自《建德发现的一枚人的犬齿化石及浙江第四纪哺乳动物新资料》）

1974 年冬，中国科学院古脊椎动物与古人类研究所韩德芬、张森水、戴尔俭、许春华和浙江省博物馆的魏丰、徐玉斌、张明华一行，在建德市李家镇新桥村乌龟洞内，发掘出 1 枚古人类的牙齿化石和大量古脊椎动物化石。牙齿化石为右上犬齿，地质时代为更新世晚期，其年代距今约 5 万年，被命名为“建德人”。[②]

乌龟洞遗址位于新桥村西的山坡上，高出河水面约 15 米，原洞顶大部坍塌呈厦状。分三层堆积，表面为厚约 50 厘米的现代堆积，含化石的地层分上下两部分。上部：堆积物为紫红色黏土，厚约 35 厘米，其中发现人类化石及 11 种第四纪哺乳动物化石。下部为黄红色黏土，

① 张森水：《中国北方旧石器工业的区域渐进与文化交流》，《人类学学报》第9卷第4期，1990年，第322～332页；《管窥新中国旧石器考古学的重大进展》，《人类学学报》第18卷第3期，1999年，第193～212页。

② 国家文物局：《中国考古60年（1949～2009）》，文物出版社，2009年，第248页。

厚约110厘米，发现剑齿象等17种动物化石。

乌龟洞出土的人类犬齿化石除齿冠远端外侧缺一小块，齿根尖部分缺失，其他部分保存完好。齿冠高11.6毫米、远中近中径为8.2毫米、唇舌径为9.5毫米。

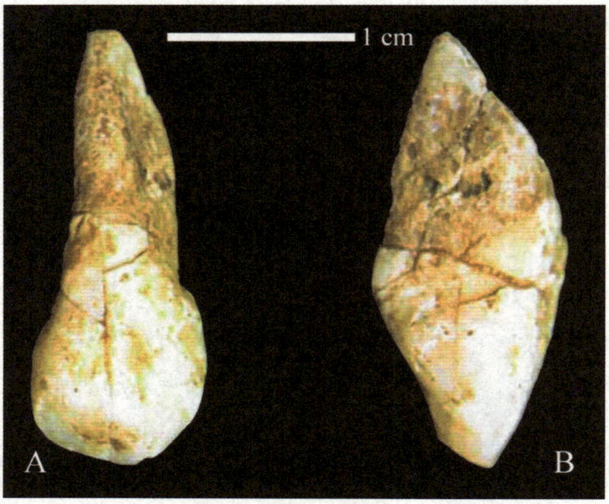

建德人牙化石

与北京猿人上犬齿比较，可看出明显的进步性，北京猿人上犬齿的原始性在建德人牙上是见不到的。但与现代人上犬齿比较，建德人右上犬齿齿冠略大，齿根也不像现代人那样成桩形，且显得粗壮一些。从形态上看，建德人右上犬齿化石与柳江人和山顶洞人十分相像，但比柳江人、山顶洞人和现代人同类牙齿的平均值都要略大。因此，从牙齿的形态以及共生的哺乳动物群来看，建德人是与柳江人相近的智人阶段的古人类，判断可能是30岁左右的男性个体。

与建德人同层出土的哺乳动物化石主要有：

猕猴、最后鬣狗、猪獾、大熊猫、中国犀、水牛、羊、鹿、麂、猪、剑齿象。[①]

人类起源于古猿。目前，古人类学家一般认为，人类的进化大约经过了南方古猿、能人、直立人和智人四个阶段。智人（距今约20万年至今）则是人类演化的最高阶段，包括化石智人和现生智人。从生物学角度来看，现代地球上生存的各不同肤色的人种，均属于同一个“智人”种。化石智人从直立人演化而来，又分早、晚两期。中国发现的智人化石有金牛山人、丁村人、马坝人、柳江人、资阳人、山顶洞人等。他们接近现代人，特别是晚期智人的解剖构造已经与现生人类基本一致，仅保留了较少的原始性状如头骨壁较厚等，能制作不同式样、不同功能的石器等工具，有了初始的艺术、宗教和社会组织。著名的北京周口店山顶洞人，脑量达到

① 韩德芬、张森水：《建德发现的一枚人的犬齿化石及浙江第四纪哺乳动物新资料》，《古脊椎动物与古人类》第16卷第4期，1978年，第255～263页。

1300 ~ 1500 毫升，并已使用骨针这类制作较复杂的缝纫工具。[①]

张森水（1931 ~ 2007），浙江仙居人，中国著名考古学家。1956 年从北京大学考古专业毕业后，即进入中国科学院古脊椎动物与古人类研究所，长期致力于旧石器时代考古研究，主持过鸽子洞、金牛山、大荔、富林等重要旧石器时代遗址的考古发掘，是中国旧石器时代考古的领军人物之一，并在晚年主持了对浙江省旧石器时代考古调查与研究工作，在浙北地区取得重要突破。

张先生有着浓厚的家乡情结，在他晚年撰写的一篇回忆文章中详细记录了建德人牙化石发现的经过。[②] 他开篇就说："在 1974 年冬赴浙江进行野外考察时，我个人有个心愿，那就是为家乡摘掉无旧石器文化帽子尽绵薄之力。"考察队（1974 年）11 月 24 日上午徒步抵达乌龟洞，下午即开始发掘。"次日继续工作，主要发掘含化石的层位，堆积物为黄红色黏土，中夹大量燧石碎屑，局部胶结得很坚硬，由南向北呈楔状分布。在这层堆积里发现了较多的哺乳动物牙齿化石和燧石碎屑，我个人的注意力偏重这些碎燧石，并将之逐一洗净，仔细进行观察，结果令人失望，看了几百件碎燧石，无一人工痕迹。正在深感遗憾之时，一位小孩送来一把化石，经我们鉴定有犀牛和牛等，令我们感到意外的是其中有一枚人牙，着实令大家高兴了一阵子，总算是从遗憾中得到了快慰""当得知化石来自旁边的小支洞时，我们希望能在那里找到更多更有科学价值的标本。既有人化石，就可能有文化遗物。唯恐工人发掘有失，小支洞发掘由我们自己动手。小支洞堆积很简单，大部裸露着紫红色黏土，局部覆盖着近期的尘土。紫红色（较淡）黏土相当干，有龟裂纹，有呈块状。由于洞底不平，地层厚度也不一样，一般厚 10 ~ 15 厘米，最厚的可达 35 厘米。挖出土块，轻敲致碎，化石就完好地露出。在所发现的化石中，多单个牙齿，无完整的头骨和体骨，及至堆积挖完，既未再发现人化石，更无文化遗物出土。此时，日已西沉，夜幕徐降，本人当时的心情与时景相仿佛"。从中可以体会到，张先生回报家乡的拳拳之心。

建德乌龟洞人牙化石虽得之偶然，却是新安江流域和浙江省发现的唯一的古人类化石，虽然只发现一枚牙齿化石，材料不多，但价值颇大。他的发现增加了智人

① 王巍：《中国考古学大辞典》，上海辞书出版社，2014年，第125页"山顶洞遗址"条。

② 张森水：《遗憾与快慰——忆建德人发现始末》，浙江省政协文史资料委员会、浙江省文物局编：《文物之邦显辉煌：考古发掘与文物保护纪实》（浙江文史资料第六十八辑），浙江人民出版社，2000年。

化石在中国分布的新知，具有十分重要的意义和价值。乌龟洞的重要价值，不仅在于发现了人牙化石，还在于发现了种类众多的哺乳动物化石，这对浙江，乃至华东地区第四纪哺乳动物的研究都有重要意义。

第二章　筚路蓝缕

——新石器时代的发展

1955 年，安徽省博物馆在绩溪县调查发现胡家村遗址，采集到较多陶片和少量石器，有鼎足、陶轮、石镞等，这是安徽省在江南地区第一次发现新石器时代遗址，并认识到与淮河流域新石器时代遗物的风格不同。[①]

1975 年夏，在对屯溪奕棋土墩墓进行的第四次发掘过程中，考古队对周边开展了调查，在下林塘自然村北，发现了一处遗址，该遗址在新安江北岸边的小高坡上，已被严重破坏，仅剩下不足 100 平方米。考古队试掘了 6 米 ×6 米探方 1 个，获得了一批陶器、石器等遗物。陶器有鱼鳍形鼎足、罐、豆、鬶足、纺轮等残片；石器有斧、铲、锛、镞等。发掘者判断其时代相当于良渚文化阶段。[②]

1993 年，安徽省文物考古研究所在新安江流域开展了专项调查，发现若干新石器时代遗址。[③]1994 年之后又陆续对歙县下冯塘、新州遗址及祁门县中土坑遗址、休宁县溪北遗址、绩溪县胡家村遗址等进行了考古发掘，使新安江上游地区的新石器时代文化面貌逐渐清晰起来。

---

① 胡悦谦：《安徽绩溪县胡家村发现古代遗址》，《文物参考资料》，1956年第1期。

② 杨德标：《屯溪下林塘遗址试掘简报》，《文物研究》第1辑，1985年。

③ 房迎三、宫希成：《新安江中上游流域的史前遗存调查》，《东南文化》2000年第1期。

第一节　已发掘的地点

一、歙县新州遗址

新州遗址位于歙县徽城镇，北连锯齿山，东、南、西三面均为沿河小冲积平原，遗址以南是新安江的三条支流布射河、扬之河和富资水交汇处。北宋宣和年间，在镇压方腊起义的战斗中，歙县城池被毁。朝廷改歙县为徽州，迁州城于北郊，修筑新城，称新州，现仍有宋代城垣残迹。因该处地下为红砂岩，掘井水少，水质差，加上邻近的三条小河水量不足，亦无舟楫之利，居民皆感不便。故一年后复将州治迁回原处，即今歙县县城，但“新州”作为地名沿用至今。①

新州遗址地处一处低矮平坦的长条形小山岗，高出周围地面约 3 ～ 5 米，分布面积 3 万多平方米，是黄山地区目前发现的规模最大、文化堆积最丰富的一处古文化遗址。现遗址大部分已被学校、居民小区占压，仅保存了局部区域。

该遗址于 1984 年发现，1986 年 5 月试掘，出土了长方形带孔石刀等石器和部分陶器。② 在此之后，因当地建设需要，分别在 1994 年、1995 年、1998 年和 2018 ～ 2019 年曾四度进行了抢救性发掘，发掘面积共计 300 多平方米。③

1994 年新州遗址发掘区的文化层厚约 2.5 米，可分 5 层，其中第 1 层为地表土，第 2 层为唐宋时期堆积，第 3 层为夏商时代文化层，出土有陶器、石器和少量小件玉器。陶器以夹砂红陶为主，主要器类有印纹凹圜底罐、带流罐等，罐类器物常常在口沿部位设对称的鋬；石器有镞、锛、斧、刀等。第 4 和第 5 层为新石器时代晚期文化层，遗迹遗物最丰富。2019 年发掘又发现了周代的遗存。所以，综合各次发掘所获的资料进行初步研究的结果，可把新州遗址划分为四期（四个大阶段）：第一期为新石器时代晚期，大约相当于钱山漾文化时期，晚于良渚文化；第二期为夏商时代，大约相当于马桥文化时期；第三期为周代，大约相当于西周到春秋时期；第四期为唐宋时代。

---

① 歙县文化局：《歙县文物志》，1989年。

② 歙县地方志编纂委员会：《歙县志》，中华书局，1995年。

③ 安徽省文物考古研究所，歙县文物管理所：《歙县新州遗址东区、北区的发掘》，《文物研究》第13辑，黄山书社，2001年。

1994 年的发掘，出土遗物丰富，包括数量众多的陶器和石器，当时发掘队已经注意到新州遗址新石器时代遗存与周边地区的差别，显示出了较鲜明的个性和地域特征，提出此类遗存应代表了分布于新安江上游地区的一种新的考古学文化类型。[①]

新州遗址第一期的陶器以夹砂红陶最多，其次为加砂灰陶和泥质磨光黑陶，绝大多数素面，仅在少量器物上饰有篮纹、刻划纹、弦纹和附加堆纹，主要器类有鼎、豆、壶、罐、钵、鬶、钵、器盖、纺轮、网坠等。鼎罐类多为折沿、沿面内凹，沿面上多有旋纹或凸棱等制作痕迹，颈与器身交汇处可见刮抹痕迹。鼎足按照安装方式可分为侧装类足和正装类足，按形态分有：鱼鳍形扁足，两面皆有刻划纹，形体较宽，背弓处呈锯齿状，鳍背弓起弧度较大；鸭嘴凿形足，两侧皆刻划纹饰；柱形足，整体呈圆柱状，均为素面，部分足尖有捏捺；舌形扁足，平面近长方形，侧面略有弧度，横截面一般为扁圆形，仅外侧一面有刻划纹。器盖为覆盘形，喇叭状盖纽，有刻划纹。

其中罐形鼎、水波纹鼓腹罐、圜底折肩罐、刻槽豆、长颈扁腹壶、圈足尊等新州遗址的典型器物，造型独特，具有鲜明的地方风格，在邻近地区少见或未见。

新州遗址出土陶器

① 黄文：《歙县新州遗址揭示出新的古文化类型》，《中国文物报》，1995年6月25日。

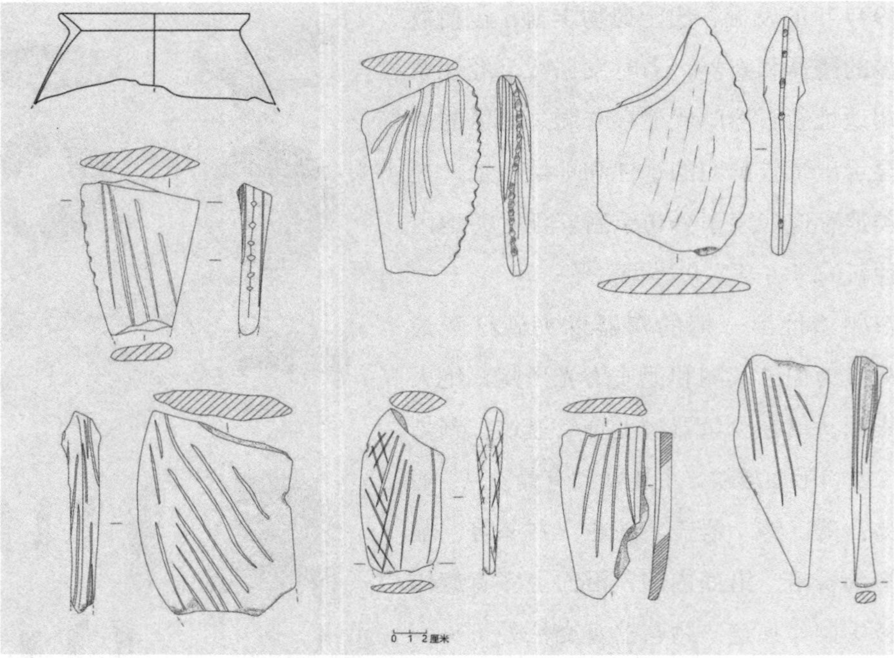

新州遗址出土陶鼎和鼎足

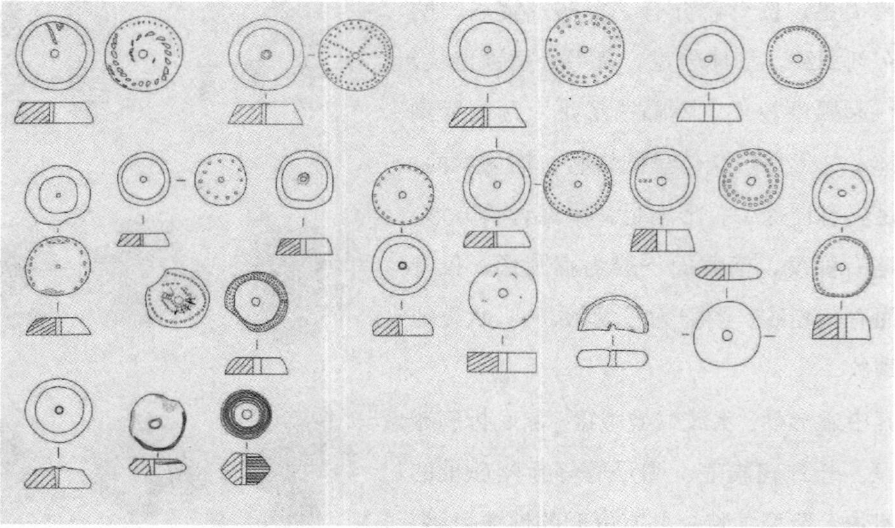

新州遗址出土陶纺轮

新州遗址新石器时代遗存中，石器的生产和使用是突出的特色。以 1994 年发掘所获的石制品统计，在 100 平方米发掘范围内，共出 483 件。出土的石器成品包括镞、锛、刀、斧、刮削器、矛、凿、砺石、网坠、球、饼、研磨器、犁等，其中，数量最多的是镞，其次是锛、刀、刮削器和斧，其他器物发现的都比较少。另外还有大量的半成品、石坯、废料、石料出土。见下表。①

新州遗址出土石制品统计表

类别	器类	数量	占总数百分比
成品	石镞	108	22.36%
	石锛	40	8.28%
	石刀	25	5.18%
	刮削器	23	4.76%
	石斧	6	1.24%
	石矛	6	1.24%
	研磨器	5	1.04%
	石凿	3	0.62%
	石球	3	0.62%
	石网坠	3	0.62%
	砺石	3	0.62%
	石饼	2	0.41%
	石模具	1	0.21%
	石犁	1	0.21%
	特殊器	1	0.21%
半成品		75	15.53%
石坯	石块	16	3.31%
	石片	17	3.53%
废料	石块	36	7.45%
	石片	64	13.25%
	碎屑	39	8.07%

① 陈小春：《新州遗址石器研究》，安徽大学硕士学位论文，2009年。

续表

类别	器类	数量	占总数百分比
石料		6	1.24%
合计		483	100%

本表采自陈小春：《新州遗址石器研究》

石镞数量最多，均为通体磨光，表面光洁度高。形态多样，按形状可分为八大类，详见下表。

新州遗址出土石镞分类表

类	型	数量(件)
长圆柱形		1
三棱圆柱形		15
三棱形		5
菱形		6
石片形	有铤	2
	无铤	4
三角形		14
宽叶形		10
柳叶形	有铤	34
	无铤	17

新州遗址出土石器

石锛也是数量较多的一类工具，一部分通体磨光，多数局部磨光，器身保留有明显的打制疤痕。按照形状可分为长方形锛、有脊锛、有段锛几种，均有直背、弧背之分，形体较大的多制作粗糙，较小的磨制精细光滑。

新州遗址出土石锛

石刀分有孔刀和无孔刀两大类。有孔刀有单孔、双孔之分，制作精细，通体磨光，表面光洁度高，形状以半圆形为多，还有马鞍形、梯形等；无孔刀有长方形双面斜弧刃刀和不规则形双面斜弧刃刀两种。石矛与石镞形状近似，但体形上比石镞大得多，阔叶长骹、后翼呈张开之势，无棱。骹较长，系的部位有两个对称的凹口，以便绑束。通体制作规整，磨制光滑。出土石犁1件，有破损，体积庞大，长38厘米、宽21.2厘米，厚1.2厘米，是新州遗址出土石器中体积最大者。犁身较宽，犁头尖而薄，整体呈等腰三角形。石斧形体大而厚重，刮削器一般形体小且轻薄。石网坠用鹅卵石在两个长边打制出对称的两个凹槽，以便绑缚，制作简单，未见进一步

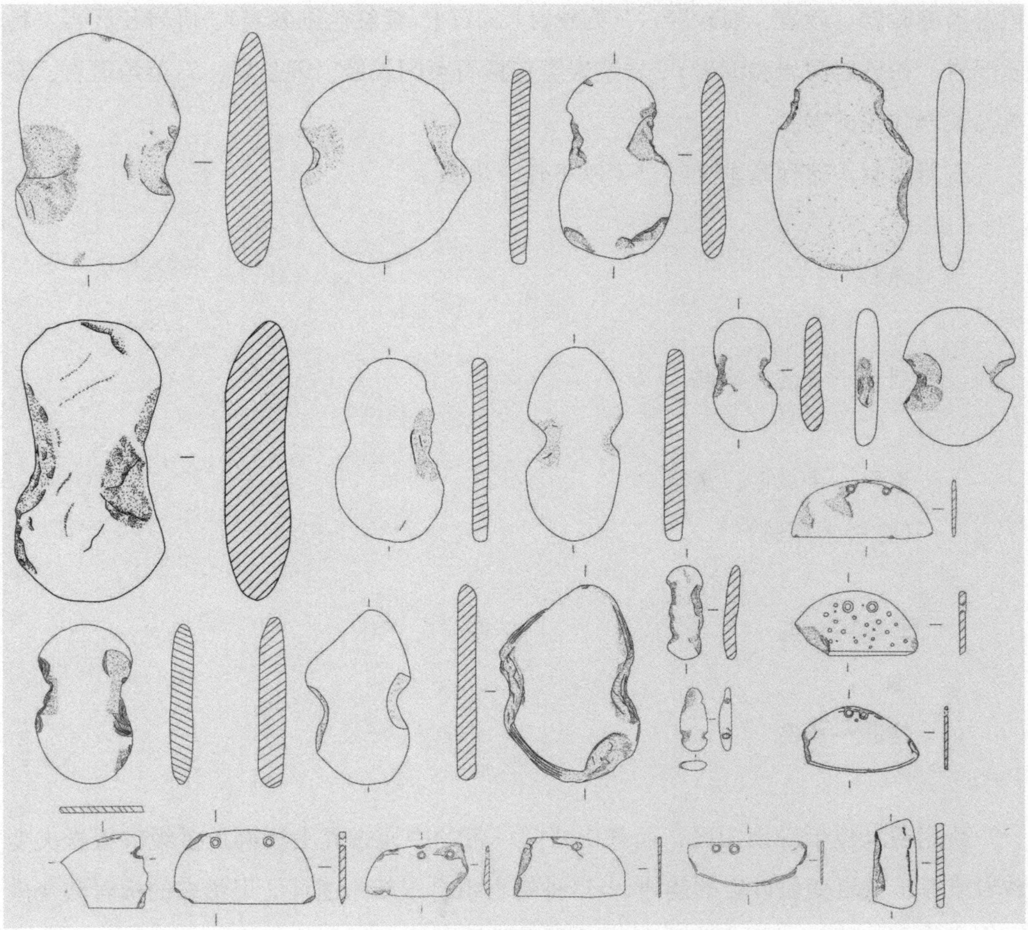

新州遗址出土石网坠、石刀

的加工痕迹。

新州遗址共出土石器半成品 75 件。所谓半成品是指经过简单打制，初步成形，但未进一步加工，最终并未完成的石制品，特别是刃部均未处理，但已能分辨出是何种类型器物。有石镞、石锛、石刀、石斧等。此外，已经初步切割的石坯料也有不少，还有大量废料，包括制作失败的石器废品和制作过程中产生的不能再次利用的石块、石片及碎屑等。

对石器材质进行地质鉴定的结果，新州遗址出土石质品所采用的石料主要为变质岩，占总数的 92.33%，少量沉积岩和岩浆岩。变质岩类主要包括板岩（板岩、砂质板岩、泥质板岩）、变砂岩（变细砂岩、变砂岩）、变流纹岩和花岗质片麻岩；沉积岩类有砂岩（砂岩、细砂岩、石英砂岩［砾石］、紫红色细砂岩）、砾岩和泥岩（钙质泥岩、粉砂岩泥岩和泥岩）；岩浆岩类包括石英闪长岩、闪长岩、石英角斑岩、石英二长岩和花岗岩。

石器的制作流程基本上经过了以下几个步骤：

选料
↓
制坯→石坯、废料
↓
整形→半成品、废料
（打制、琢制）
↓
磨制→成品
↓
钻孔→成品

新州遗址位于皖南山区，而黄山祁门一带的中元古界上溪群板桥组有板岩夹变砂岩或者千枚岩变质砂岩的韵律，[①] 这种岩石组合跟新州遗址所用最多的板岩和变砂岩组合相同，因而，新州遗址石质品所采用的变质岩都是就近从当地的山区取得的。沉积岩类和岩浆岩类石料在新州遗址旁的黄山山脉和天目—白际山脉也均有分布，应该也是就近获取的。通过石料与型版相关性分析可以看出，新州先民在制作某类器物时已经能根据岩石的特性来选择合适的石料，制作技术已达到了专业化的水平。

新州遗址发现房屋基址 2 处和一些与建筑相关的遗迹。

一号房址（编号新州遗址 F1）：房址建于生土地面上，平面近似长方形，坐北朝南。东西残长 5.7 米、南北宽 4.1 米。墙基槽宽度在 0.32 米至 0.48 米之间，现存基槽最深 0.52 米；基槽内填土为灰褐色土，土质致密，包含少量烧土颗粒和石块。根据残存墙基分布来看，F1 至少由三个房间组成，中部的房间面积较大，应为主室，

① 高振家、陈克强、魏家庸：《中国岩石地层辞典》，中国地质大学出版社，2005年。

长3.2米、宽3.1米，南向门道宽0.6米，通向屋外；西侧房间长2.2米、宽1.07米，在隔墙北端有门道与中间主室相通，门道宽0.36米；根据基槽走向推测在中部主室东侧，应该还有房间。房址内出1件石料、1件刮削器、1件石锛以及少量陶片。

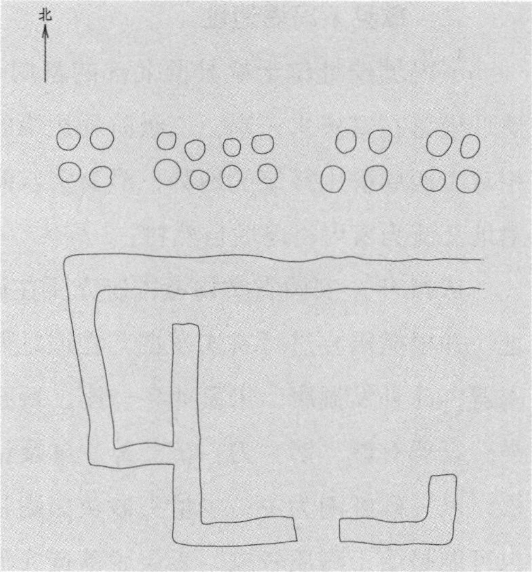

新州遗址F1平面图

在F1北墙以北约1米处分布东西向并列的两排柱洞，洞平面均近圆形，直径在0.3米至0.35米之间，深度约0.3米。坑内填土为灰褐色黏土，土质疏松，包含少量烧土颗粒和石块。

新州遗址二号房址（编号新州遗址F2）：仅存局部。半地穴式，平面近圆角方形，房址残长2.8米、残宽1.15米、深0.45米。房内地面为灰土，较平整，地面上堆积为灰褐色黏土，土质疏松，包含大量烧土颗粒、炭屑和1件石镞、少量陶片。F2周围分布大小相近的柱洞10个，直径在0.2米至0.4米之间，平面形状为圆形或椭圆形。

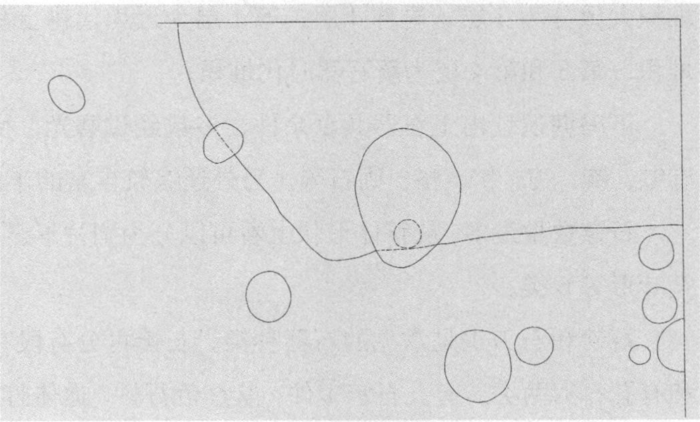
新州遗址F2平面图

新州遗址发现残存的灶：2个灶相邻，均为近圆形，斜壁内收，圜底。灶壁被火烧得很坚硬，灶内填土为灰黑色土，土质软且疏松，包含大量烧土颗粒和炭屑。东侧灶直径0.48米、深0.06米；西侧灶直径0.6米、深0.04米，底部凹凸不平。

根据对出土器物的研究，新州遗址新石器时代遗存的年代晚于良渚文化，大约相当于钱山漾文化时期，距今约4300～4100年。

二、歙县下冯塘遗址

下冯塘遗址位于歙县西北部的富堨镇富堨村冯塘自然村南，距县城约 8 公里。遗址坐落在富资水东岸、二级阶地边缘的一处岗地上，遗址西南约 350 米有富资水，相对于四周群山环绕的地势，沿富资水两岸是小面积的河谷盆地，相对较平坦开阔，遗址北侧为富堨村冯塘自然村。

1994 年，安徽省文物考古研究所在进行新安江中上游史前遗存调查中发现该遗址，并根据需要进行首次发掘，在遗址西南部发掘了 130 平方米，出土遗物有石器、陶器，此外发掘唐、宋墓葬各一座。新石器时代文化遗存出土遗物分石器和陶器两类。石器有镞、锛、刀、铲、斧、球及钻孔石器等。陶器器形完整者甚少，陶质疏松，以夹砂红陶为主，少量夹砂灰黑陶和泥质灰黑陶、泥质红陶。纹饰以素面为主，也可能是由于陶质较差，表层脱落造成无法辨认，可辨纹饰以篮纹为主，少量绳纹、弦纹和附加堆纹，极少方格纹，器形主要有罐类、豆、瓮、钵、器盖等，三足器极少，仅见一件鼎足。①

2010 年 7 月，为了配合合肥—福州高速铁路工程建设，安徽省文物考古研究所对该遗址进行抢救性发掘。发掘区域位于遗址中部偏东，实际发掘面积 228 平方米，共发现房址、灰坑等遗迹 5 处，并出土一批石器、陶器等遗物。

从勘探和发掘情况看，下冯塘遗址文化层堆积比较薄，深度 0.8 ～ 1 米。地层堆积大致分为 3 层，局部 4 层。第 1 层为近现代耕土和扰乱层，第 2 层为夏商时代堆积，第 3 和第 4 层为新石器时代堆积。

下冯塘遗址出土石器共百余件，多数经过磨光，少数是经打制成形后直接使用。有镞、锛、刀、铲、凿、砺石等。另外还有较丰富的半成品、石坯、废料和石料出土。

石镞数量最多，从整体形状上看可以分为扁片形、长条形、菱形、三角形、柳叶形、宽叶形等 6 类。

石锛和石刀也是常见的石器种类。石锛可分有段和无段两类；石刀可分为无孔和有孔石刀两类。有孔石铲 1 件，紫红色石料，通体打磨光滑，平面近梯形，双面刃，刃口两端残，背部平整，背部与刃部均留有打击疤痕，器身中央钻有三孔，均为对钻。器身最长 11 厘米、背宽 8 厘米、最宽 9.2 厘米，三孔内径分别为 1 厘米、1.4 厘米、1.2

---

① 宫希成、程平：《歙县下冯塘遗址发掘简报》，《文物研究》第11辑，黄山书社，1998年。

厘米。有几件较为特殊的石器：石凿形器 2 件，器形似凿，体量很小。其一为青灰色石料，器体细长而扁、轻巧，通体精磨，一端磨制成四棱尖锥状，器身长 4.6 厘米，最宽 0.6 厘米、最厚 0.4 厘米；其二为紫红色石料，器体细长、轻薄，通体精磨，一端磨制成双面刃，刃部锋利，器身长 5.5 厘米、宽 0.8 厘米、厚 0.3 厘米。

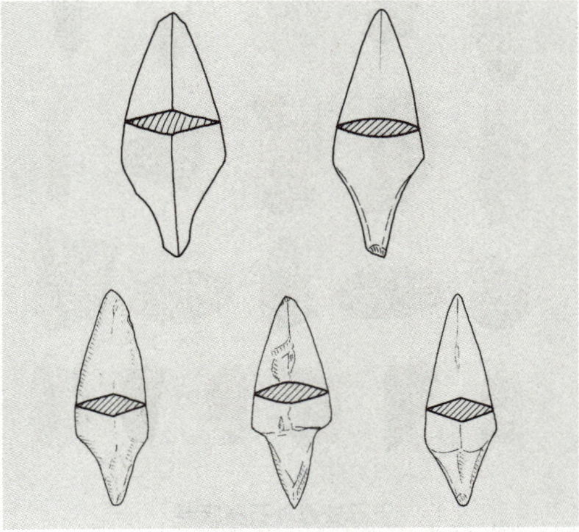
下冯塘遗址出土石镞

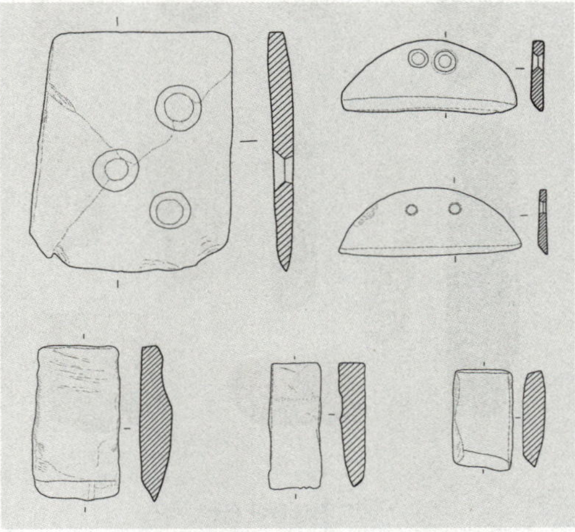
下冯塘遗址出土石钺、石刀、石锛

下冯塘遗址石器半成品

下冯塘遗址石器废品

除了已经完成的石器成品外，下冯塘遗址还出土了大量的石料、石坯和废料，包括已初具雏形的半成品和加工后的废料以及石材原料。

下冯塘遗址石料

下冯塘遗址石器废料

陶器数量众多，但多为残片。总体上看，陶质疏松易碎，少见器形完整者。制法上，大多采用轮制和手制相结合，部分圈足可见明显手制痕迹。陶质陶色以夹砂红陶与夹砂红褐陶居多，有少数夹砂灰陶和极少数泥质红陶。纹饰以篮纹为主，由于陶质较差，部分陶片表层脱落，纹饰较难辨认，除篮纹外，有少数方格纹、弦纹等。可辨器形主要有罐、鼎、圈足尊、豆、钵、碗、鬶、器盖和网坠等。

陶罐类按口沿部位形态可分为高领卷沿罐、直颈短沿罐、折沿罐等几种，折沿

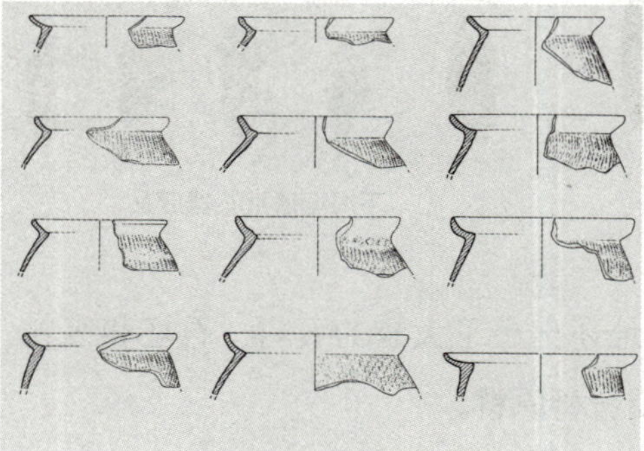

下冯塘遗址出土陶罐(鼎)

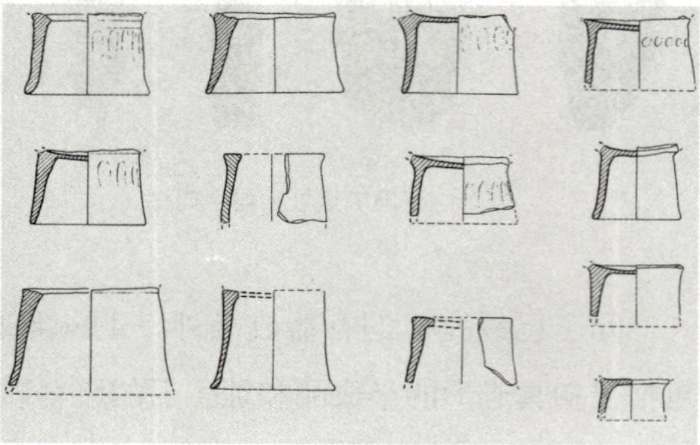

下冯塘遗址出土陶尊圈足

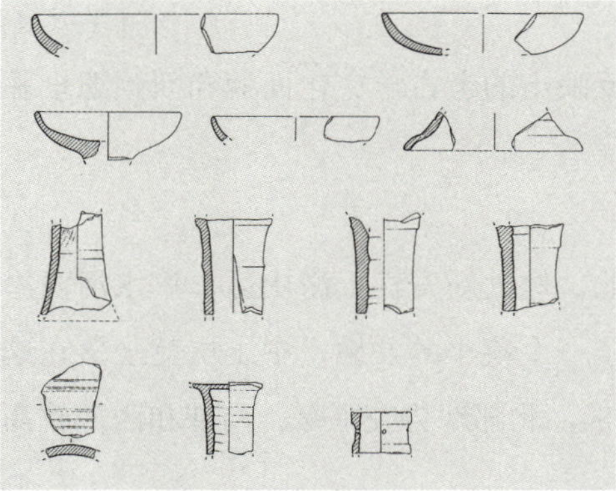

下冯塘遗址出土陶豆

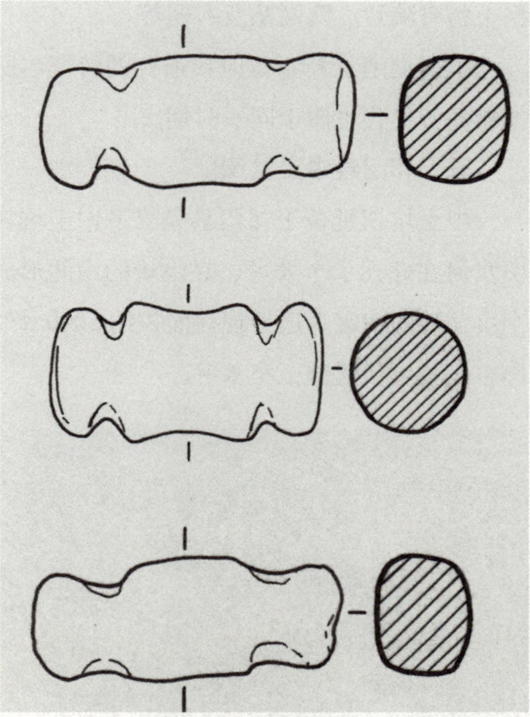

下冯塘遗址出土陶网坠

罐数量最多，口沿面向下凹呈弧状，凹面明显，口沿与肩部折痕较明显；按底部罐类可分为圈足罐与平底罐两种，罐底多有明显的手制整形痕迹。豆盘较浅，盘口部近直，圆唇，喇叭状细高柄，饰凹弦纹或凸棱。陶网坠5件，均为近扁圆柱体，窄面两端各刻2道深槽。

下冯塘遗址一号房址（编号下冯塘遗址F1）：残存基槽面积长7.5米、宽6米。基槽宽25～35厘米，基槽内有柱洞20多个；另有一些柱洞分布在屋内外，柱洞大小不等，直径在8～20厘米之间。门向不明。房内堆积包含大量烧土块及颗粒，

下冯塘遗址F1

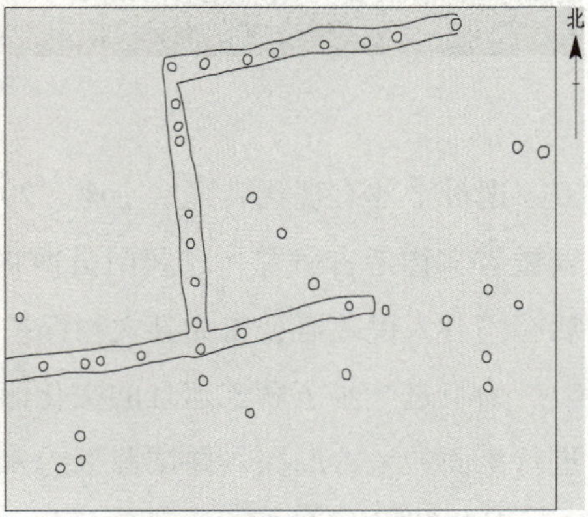

下冯塘遗址F1平面图

出土物有陶片、陶网坠及石器等。

下冯塘遗址新石器时代遗存的特征与所反映出的考古学文化面貌和新州遗址基本相同，年代也属于同一时期。

三、祁门县中土坑遗址

中土坑遗址位于祁门县凫峰乡中土坑村北，地处新安江上游山区，率水河西岸。率水河在此拐了个大弯，在险峻的山间形成了一个狭小的盆地，中土坑就坐落在这个小盆地的南端。遗址现存面积约 5000 平方米，北部地势较平缓，南部和西部较高，向东呈缓坡状延伸至率水河。

中土坑遗址远景

遗址上建有现代砖瓦窑 1 座，2001 年取土中发现石镞、石矛及陶片。2002 年夏安徽省文物考古研究所和祁门县博物馆现场调查，确认为一处新石器时代遗址。之后祁门县人民政府公布为县文物保护单位，并关闭了砖瓦窑。

为了进一步了解该遗址的文化面貌，2004 年 2 月安徽省文物考古研究所对遗址进行全面的考古勘探，并试掘了约 80 平方米。

从勘探的情况看，文化层比较薄。地层堆积大致分为 5 层，总深度近 1 米。第

1层为近现代耕土和扰乱层，第2～3层为明清时期堆积；第4和第5层为新石器时代堆积，土质较硬，含有大量红烧土和少量木炭，堆积厚度约0.5～0.6米。

出土遗物有石器、陶器两大类。

石器有镞、矛、锛、刀、网坠、石球、砺石和坯料等。

石镞按形态分三角形镞和柳叶形扁镞，磨制精细。石锛均为长方形。石刀分有孔和无孔。网坠用光滑的长方形灰色小卵石，在中部两侧打出2对凹槽制成。石矛13件，宽扁三角形，矛身一面中间作出平面，另一面有中脊，横断面呈五边形。形

中土坑遗址出土石器

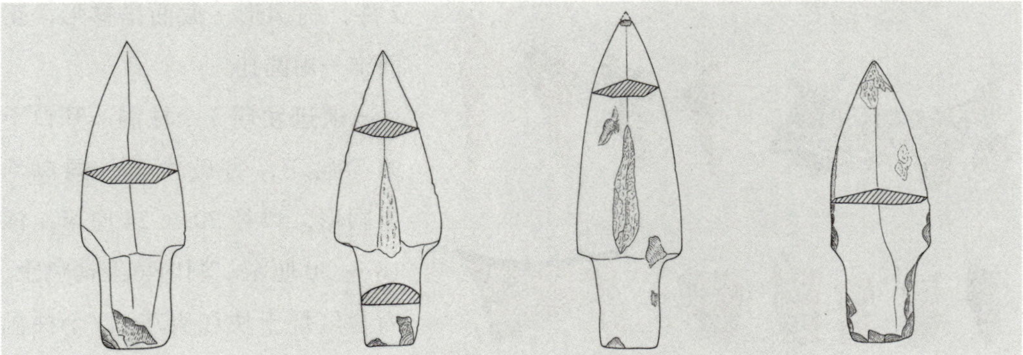

中土坑遗址出土石矛

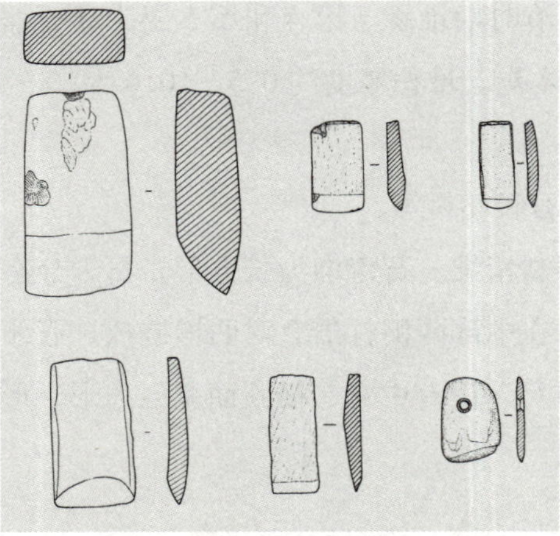
中土坑遗址出土石器

体较大，长 11.1 ~ 16.6 厘米、宽 4.3 ~ 5 厘米、厚 0.8 厘米。砺石均为红砂岩材质，形状不规则，有磨光的凹面。

坯料出土 26 件。有部分已打制成器物的初坯，有镞、锛两种。其他有打制尚未成形的石坯及石片等废料。

陶器数量不多，且较破碎，可复原的仅有陶豆 1 件。从统计数据看，第 4、5 层所出陶片的陶质、陶色、纹饰和器形等基形本一致，均以夹砂陶为主，约占总数的 84%，泥质陶占 16%。其中，夹砂褐陶数量最多，约占陶片总数的 52%，其次为夹砂红陶，约占陶片总数的 20%，泥质黑陶约占总数的 6%，还有少量的夹砂灰陶、泥质红陶等。陶片以素面为主，纹饰有弦纹、刻划纹、篮纹、绳纹、戳印纹、方格纹、折线纹等。器形有鼎、罐、豆、壶、鬶、碗、钵、纺轮等。

陶鼎均为残口沿和鼎足，均为夹砂红褐陶。鼎口部束颈圆唇，沿面内凹形成弧面，腹上部有一周凸棱，鼎足表面多有刻划的条状纹饰，有的足根有按窝，有宽扁足、侧扁足（鱼鳍形）、侧面近三角形的凿形足、柱足四种。罐类口沿均为束颈折沿方唇，沿面较平，腹部有凸棱。豆为泥质黑陶，口沿较宽，腹部有 2 道凸棱，喇叭形圈足。鬶仅残留颈部、扁把手和裆部，尖袋足。钵侈口尖唇，内壁有清晰的手捏制的痕迹。纺轮 2 件，扁圆形、截面呈梯形，正面饰一周圆孔。

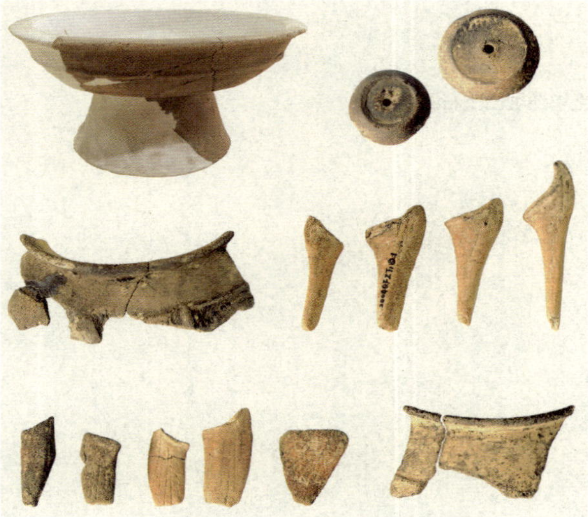
中土坑遗址出土陶器

遗迹发现 3 个柱洞，开口于第⑤层下，打破生土。洞口均为圆形，口径 20 ~ 24 厘米、深 18 ~ 30 厘米。洞内填红褐色土，内含红烧土块和炭灰。3 个柱洞呈弧线排列，难以判断其整体状况，应该是建筑类遗迹的残留。

中土坑遗址新石器时代遗存的特征与面貌和歙县新州遗址、下冯塘遗址基本相同。

四、休宁县溪北遗址

溪北遗址位于休宁县齐云山镇溪北村北约 200 米处，遗址西侧紧邻横江，东侧为 S326 省道，为椭圆形台地，相对高度约 10 米。S326 省道歙县至黟县一级公路改扩建工程施工中发现，2016 年 12 月～2017 年 1 月，安徽省文物考古研究所进行抢救性考古发掘。发掘面积 75 平方米。

遗址出土陶器均为残片，以夹砂红陶和黑褐陶为主，器形有鼎、钵、罐等，鼎足有鱼鳍形足、刻槽“T”形足、扁凿形足、扁舌形足等。陶纺轮为扁平圆形，中间一个圆孔。

溪北遗址出土陶鼎足

溪北遗址出土陶纺轮

石器以石镞和石网坠数量为多，反映了渔猎经济在当地生业模式中的重要地位。石网坠均用较小的卵石在两侧打出刻槽，用于绑缚。石镞形态主要有三角形镞和柳叶形扁镞两类。石锛有长方形厚体锛、扁长方形锛、有槽锛等。石刀有长方形刀和半月形双孔刀，另有一件平背弧刃刀。其他石器有铲、凿、钺、斧、矛等，数量较少。

溪北遗址出土石镞

溪北遗址出土石网坠

溪北遗址出土石锛

溪北遗址出土石刀

溪北遗址出土石锛

溪北遗址出土平背弧刃石刀

溪北遗址出土石斧

发掘的同时在遗址区地表进行系统调查，采集到一些精致的石器和残次品，器形与发掘出土标本基本一致。

溪北遗址新石器时代遗存的特征与面貌和歙县新州遗址、下冯塘遗址基本相同。

五、绩溪县胡家村遗址

胡家村遗址位于安徽省绩溪县长安镇中团村胡家组。遗址地处新安江支流扬之水上游北岸一个长条形台地上，周围群山环抱。1955 年安徽省博物馆在绩溪县调查时发现该遗址，在台地北部采集到较多陶片和少量石器，有鼎足、陶轮、石镞等，定为新石器时代遗址，并把台地北部约 3000 平方米范围划为遗址区。2021 年安徽省考古所在进行勘探后发现整个台地均有文化层分布，总面积近 3 万平方米，保存状况较好。在经过国家文物局批准后进行了试掘，在遗址北端和中部开探方两处，发掘面积 120 平方米。发现灰坑、柱洞等遗迹，出土石器、陶器等遗物 600 多件。

胡家村遗址航拍图

根据初步研究的结果，胡家村遗址新石器时代遗存可以分为早晚两期。早期遗存以夹砂红陶、黑褐陶为主的陶器群与马家浜文化陶器特点相近，可归入马家浜文化系统。晚期遗存则与歙县新州遗址、下冯塘遗址新石器时代遗存基本相同。

早期陶器以夹砂红陶、红褐陶、黑褐陶为主，陶器表面有红色陶衣的数量也不少，红陶衣大多装饰在圈足类器物表面，还有少量黑色、灰色泥质陶器。陶器以圈足器和平底器为主、三足器较少，种类主要有釜、罐、豆、鼎、钵、碗、盆、盖、纺轮和网坠等，半月形花边鋬手和扁牛鼻耳普遍使用，纹饰有绳纹、弦纹、刻划斜线纹、戳印纹、镂孔等。

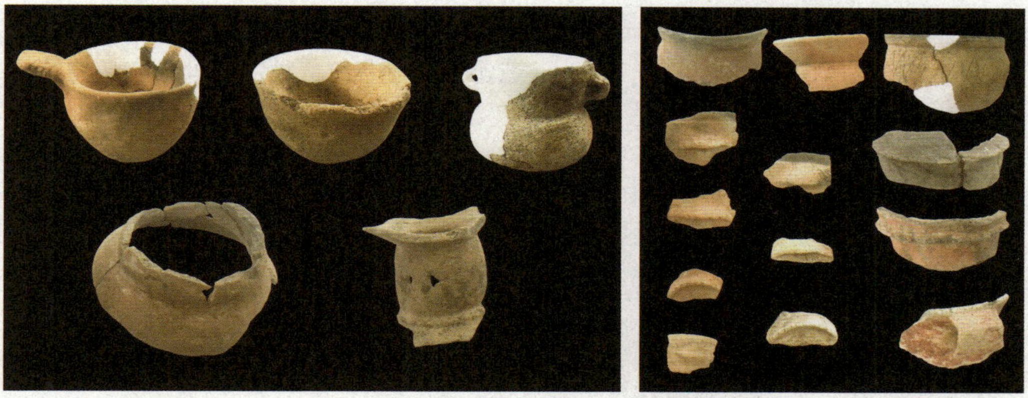

胡家村遗址出土陶器

胡家村遗址出土陶碗底部月牙形图案

胡家村遗址出土陶纺轮和陶网坠

胡家村遗址出土石刀

胡家村遗址出土石镞

石器种类有斧、锛、刀、凿、镞等，石镞数量最多，磨制精细，形态主要有三角形镞和柳叶形扁镞两类。石锛有扁长方形锛、有槽锛等。石刀有长方形刀和半月

胡家村遗址出土石锛

形刀，均有孔。

遗迹发现有灰坑、柱洞多处，应是建筑的残留。

马家浜文化是长江下游地区的一个考古学文化，因浙江省嘉兴市马家浜遗址而得名，主要分布于以太湖流域为中心的江苏南部、浙江北部、上海地区。[①]经碳十四测年研究，其年代为距今7000～5800年。在苏州草鞋山遗址发现马家浜文化时期的小型水稻田块，[②]各地马家浜文化遗址中出土大量石质斧、锛、刀、镰和木耒、木耜、木铲等生产工具和大量的炭化稻谷，说明马家浜文化已经有比较成熟的稻作农业生产。陶器以红色、褐色和黑色为主，陶土掺和有细砂、蚌、碳等，陶器外表常涂有红陶衣，绳纹、弦纹、斜线、戳印圆圈等装饰纹样。常见器物种类有带腰沿的釜、杯、鼎、盉、豆、匜等，陶器上流行加把手、鋬手和牛鼻耳。石玉器有斧、锛、刀、凿、镰、玦、璜、管、坠等，用动物的骨、角、牙制作的小工具和装饰品数量也不少。木框架干栏式建筑、以俯身直肢葬为主的埋葬方式及头部覆盖陶器的习俗也是马家浜文化的一个重要特征。马家浜文化在不同地域、不同时段的文化面貌也有一定差异，又可划分出若干类型，主要有罗家角类型、芝里类型、邱城类型、庙前类型、骆驼墩类型等，都是以各区域发现的典型遗址命名的。

胡家村早期遗存陶器群与马家浜文化陶器特点相近，可归入马家浜文化系统。但与已知的马家浜文化各类型的器物特征相比仍存在着不小的差异，因此应将胡家村早期遗存作为马家浜文化中一个新的文化类型。因此次胡家村遗址发掘面积小，所获标本特别是完整器物较少，胡家村类型的文化面貌仍有待于进一步的考古发掘和深入研究。

在安徽省东南部与苏浙邻近的马鞍山、郎溪等地也发现有较典型的马家浜文化

---

① 嘉兴市文化局：《马家浜文化：江南文化之源》，浙江摄影出版社，2004年；浙江省文物考古研究所、嘉兴博物馆：《马家浜》，文物出版社，2019年。

② 刘兴林：《从水田考古发现看畦田的发生》，《东南文化》2021年第5期。

遗存，胡家村遗址则是最新的发现，也是马家浜文化最西南的一个遗址。

六、屯溪区下林塘遗址

屯溪下林塘遗址是在1975年夏季调查发现的。遗址位于原奕棋公社下林塘北新安江岸边的一个小高坡上，已被严重破坏，仅剩下不足100平方米。现该地已是城区，遗址已不存。考古队试掘了6米 ×6米探方1个，获得了一批陶器、石器等遗物。文化层分4层：第1～2层为现代耕土和扰乱层；第3层为商周时期文化层；第4层为新石器时代文化层，堆积厚度30～50厘米。

新石器时代陶器以夹砂红褐陶为主，残碎严重无法复原。可见器形有鼎足、罐、碗、豆、鬶足等，另有完整陶纺轮2件，鼎足有鱼鳍形和侧扁三角形，刻划条状纹饰。石器有斧、铲（钺）、锛、镞、砺石等。

第二节 新州文化

一、新州文化的命名

考古学是主要根据古代人类活动所遗留下来的实物遗存研究当时人们的生活及社会状况，并进而解析人类文化与社会发展的历史过程，探索其发展变化的背景、原因和规律的一门科学。考古学文化是考古学研究的重要内涵。

所谓考古学文化是指存在于一定的时间和空间范围，具有特定文化特征的人类文化共同体。在考古遗存中一般以是否具有自身鲜明特征的实物遗存来辨识，包括人工和自然遗存。人工遗存一般指陶器、石器、骨器等各种材质的生活用品、生产工具、武器、装饰品等人工制品以及村落、房屋、道路、农田、作坊、沟渠、墓葬等建筑物和设施。自然遗存则特指与人类活动相关的、非人工形成的但具有文化意义的环境和实物。

一个考古学文化所代表的文化共同体可能与某个人类共同体相联系，是该人类共同体创造的物质文化和精神文化的实物遗留。通过考古学文化的研究，可以了解创造该考古学文化的人类共同体的社会生活状况及其与其他共同体文化的关系。考古学文化的命名，通常是以第一次发现该文化遗存的地点命名，如大家所熟知的仰韶文化、良渚文化等，皆是以第一次发现的遗址命名的。①

考古年代学分为相对年代和绝对年代。相对年代是对出土遗物进行考古类型学分析，结合地层学研究，得到一个年代早晚序列，作为开展进一步研究的相对的年代框架。绝对年代是采用物理、化学等现代技术手段测定的年代数据，主要测年方法有碳十四、热释光、光释光、釉系裂变、钾氩法、加速器质谱、AMS 等，所得出的年代数值通常以“公元前 ××× 年”或“距今 ××× 年”的方式表述。但目前的测年技术一般会有误差值，所测得的数值也仅是一个比较精确的年代时段，而考古研究建立的相对年代早晚序列是不会逆转的，因此在具体实践中，通常是将二者结合运用。

新州文化是以歙县新州遗址的发现和发掘命名。

以新州遗址第一期为代表的新石器时代晚期文化遗存，其陶器以夹砂红陶或红褐陶为主，并有少量夹砂灰陶和夹砂黑皮陶。主要器形有小口罐形鼎、水波纹鼓腹罐、圜底折肩罐、刻槽豆、长颈扁腹壶、圈足尊、长颈红陶鬶、直筒罐以及盉、豆、盂、盆、釜、瓮、杯、器盖和支座等等，还有一些造型特异的陶器，是其他地区所未见的。鼎足的形式多样，有柱形、鸭嘴形、扁三角形、鱼鳍形、凿形等。

新州文化典型陶器——鼎

新州文化典型陶器——圈足尊

① 王巍：《中国考古学大辞典》“考古学文化”词条，上海辞书出版社，2014年。

新州文化典型陶器——豆

新州文化典型陶器——折肩罐

出土遗物显示出了较鲜明的个性特点，主要器类从造型和风格上看，均与邻近地区已发现的考古学文化有很大差异。所反映出的文化面貌虽然有周边文化的交融和影响，但仍以自身特征为主，是具有较强地域特色的一种考古学文化。新州遗址面积大，遗物丰富，占有特别重要的位置，对新安江流域和黄山地区史前考古无疑具有特别重要的意义。且新州遗址是同类遗存中发现最早、材料最为丰富、最具有代表性，因此命名为“新州文化”。

新州文化典型石器——钺

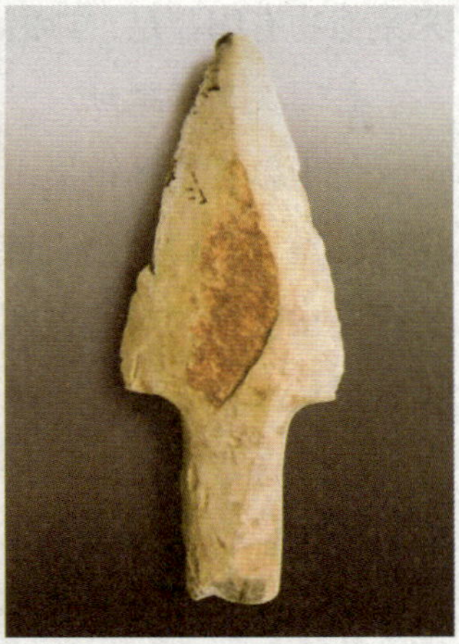

新州文化典型石器——矛

新州文化的年代，晚于良渚文化，大约相当于钱山漾文化时期。中土坑遗址和新州遗址的碳十四测年数据各1个，分布在距今4300～4100年区间内。

二、新州文化的分布地域

从已知的考古资料看，新州文化的主要分布在新安江流域，以歙县—屯溪—休宁沿江盆地为中心，分布范围包括安徽省黄山市歙县、徽州区、屯溪区、休宁县、黟县、祁门县，宣城市绩溪县和浙江省淳安县。

除了前述已经考古发掘过的新州等6处遗址外，还有以下地点。

（一）桐子山遗址

位于黄山市徽州区岩市镇北郊，信行一路东南侧、环城北路北侧。遗址处于丰乐河北侧平坦开阔处的台地上，根据考古勘探结果，现存面积 5000多平方米，文化层厚度约1.5～2米。遗址南侧因挖水渠和水塘，对遗址造成较大的破坏。现场采集陶器主要为加砂红陶，制作粗糙，吸水性强。纹饰包括刻划纹、点戳纹、绳纹和篦纹。器类有鼎、罐、纺轮等。现场采集的石器包括斧、锛、凿、镞、刮削器和网坠等，以锛，镞数量最多。这些器物大多采用板岩制作，几乎都经过磨制，其中石镞和石锛磨制精细，其他器物都磨制不精，器身仍保留清晰的打击疤痕。

（二）太子山遗址

位于歙县富堨镇方家那村西约300米的小山岗上，富资河于遗址南约800米处流经，遗址西边约300米为鲍家那村，北边约500米是清流村。下冯塘遗址位于该遗址西南边约1200米处。太子山山顶较平坦，现为旱地，面积约2000平方米，东北部有一个小水塘，由于农业生产，对该遗址造成严重破坏，保存现状一般，地表采集遗物有陶鼎足、口沿以及石锛、石镞等。

（三）吴山铺遗址

位于歙县桂林镇吴山铺，扬之河东南岸边的小山岗上。2010年夏，开发商建造房屋推整地表时翻出石镞等新石器时代遗物，之后歙县文物部门对其进行了抢救性清理，出土遗物有陶器和石器。陶片以夹砂红陶为主，石器见石镞，另有少数石坯、废料。从原料、形态上看，和下冯塘遗址石器形制较相似。

（四）方家园遗址

位于绩溪县华阳镇方家园村东面，扬之河于遗址东面约500处自北向南流过，河东紧邻天目山山脉。该遗址于1981年兴建皖赣铁路附属工程时发现，现基本被铁路与民居覆盖，现存的标本主要是几件石制品，有石镞、石锛等。1982年被绩溪县政府公布为县级文物保护单位。

（五）李源遗址

位于祁门县凫峰乡李源村，率水河北岸的小山岗上。调查采集到石镞、石刀和夹砂黑陶纺轮10余件，但因山上植被太茂盛，未找到明确的文化层。此地距中土坑遗址较近，所采集的器物也与中土坑遗址基本相同。

（六）李家遗址

黟县西武乡李家自然村，村民在耕作中发现石钺2件，均为长方形有肩钺，上部有对钻圆孔，通体磨光，形态与淳安博物馆展出的有肩石钺基本相同。但调查尚未发现古遗址。

（七）淳安县进贤、塘坞、五龙岛、威坪七都

根据已公布的资料和淳安县博物馆展出的文物标本，淳安县博物馆收藏有一批精美的石器，简介如下。

李家遗址出土石钺

淳安出土石钺

石钺3件。最大的一件为长方形、双面圆弧刃，通体磨光，上部对钻一个圆孔，通高17.2厘米、宽11.2厘米、厚1厘米；其二近方形，通高10.1厘米、刃宽8.6厘米，直刃，通体磨光，上部对钻一个圆孔；其三为长方形，有肩，通高16厘米、刃宽10.2厘米，通体磨光，刃微弧，上部对钻一个圆孔。

石铲2件，均为长方形，通体磨光，上部对钻一个圆孔。一件直刃有肩，通高18.4厘米、刃宽9.2厘米；一件刃微弧，通高10.4厘米、刃宽6.6厘米。

石矛1件，长方形扁挺，三角形矛身，有脊。通长22厘米。

石镞6件。均磨制精细，柳叶形，有脊，有挺。通长5.2～10.8厘米。

石刀1件，近椭圆形，双圆孔，双面刃，高3.6厘米、宽6.5厘米、厚0.3厘米。

石锛14件。均为梯形、上窄下宽，通体磨光，刃微弧。其中无段锛1件，长17.8厘米、宽6.1厘米、厚2厘米；有段锛13件，其中最大的长23.3厘米、宽5.5厘米、厚2.2厘米，最小的长5.5厘米、宽2.6厘米、厚0.7厘米。

石网坠2件，用鹅卵石在两侧切割出两对对称的小缺口便于绑缚，一件长5、宽1.8、厚0.8厘米，一件长7.5、宽4、厚1厘米。

以上石器均无具体出土地点信息，在淳安博物馆展览石器展示单元说明牌中这样表述："淳安历史源远流长，积淀深厚。考古证明，距今4000年左右的新石

淳安出土石矛、石镞、石网坠

淳安出土石锛

器时代，远古人类就在这片土地上繁衍生息。进贤、塘坞、五龙岛、威坪七都等地出土的器物，有力地证实了，4000年左右由淳安人创造的文明，不仅是新安江流域，也是浙江乃至全国文明史中一个重要的组成部分。”在已出版的《淳安馆藏文物精品集》中对其来源也没有予以说明，[①] 但可以确定是本地出土，推测应是出土后收缴或征集。在新安江水库建成后，分布于沿河低地的古遗址都淹没在水下，这也是一个因素。

从石器特征看，淳安出土的石器都是新石器时代晚期浙江地区和安徽南部地区常见的器形，其形制特征和制作工艺与新安江流域所见的同类石器基本相同，文化属性也应归入新州文化系统中。

此外，在徽州区呈坎、歙县北岸、绩溪县杨溪等地考古调查中，曾采集到陶片、石器等遗物，但未能找到确切的出土地点和遗址。

已经发现的属于新州文化的古遗址和文物出土地点近20处，数量不多，都是居住、生活类遗址，尚未发现墓葬等其他遗迹。总体有如下两个主要特点。

从分布上看，新州文化遗址均处在沿新安江各支流的台地或临河的小山岗上、离水源较近。新安江流域地处山区，沿河的山间盆地和冲积平原显然有利于获得资源、更为适合定居生活。

从规模上看，遗址面积普遍不大、堆积不厚。处于沿河冲积扇台地的遗址规模相对加大，文化堆积较厚；处于沿河小山岗上的遗址面积相对较小、堆积薄，而且

① 鲍艺敏：《淳安馆藏文物精品集》，西泠印社出版社，2015年。

文化层堆积是不连续、间隔性的，体现出一定程度的不稳定性。

此外，宁国市周家村遗址，位于水阳江上游西津河西岸台地上，发掘出土的陶器以夹砂红陶占绝大多数，陶质疏松，纹饰仅有刻划纹等，器形有鼎、罐等。石器以石镞、网坠最多，并大量利用河卵石打制网坠。

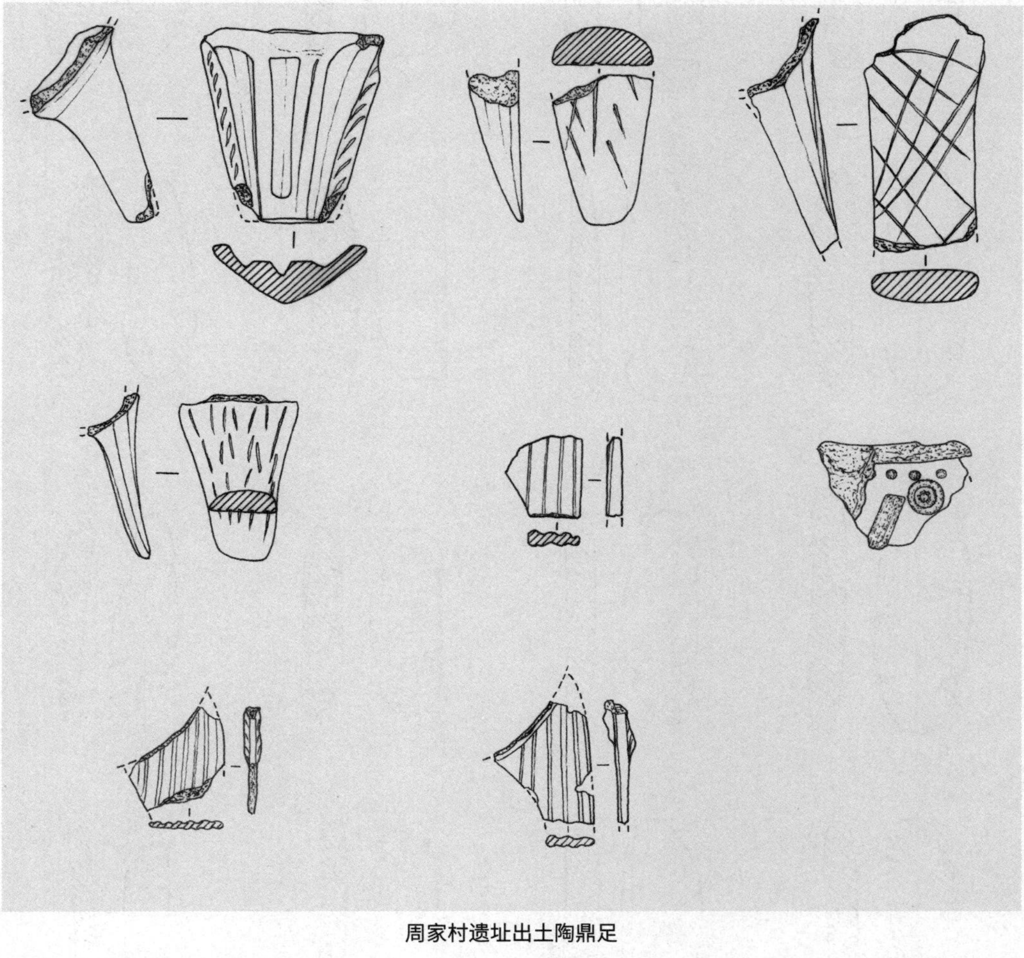

周家村遗址出土陶鼎足

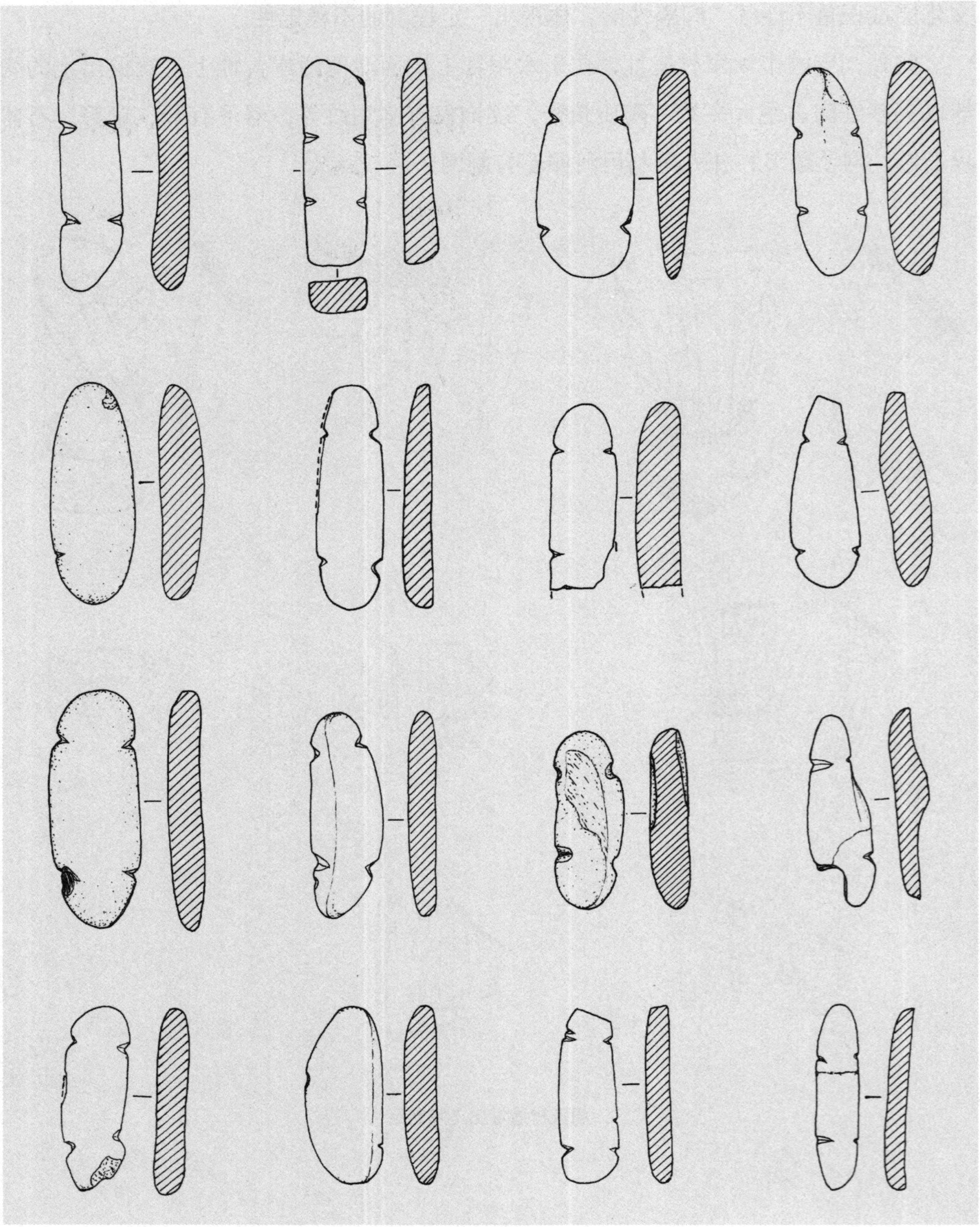

周家村遗址出土石网坠

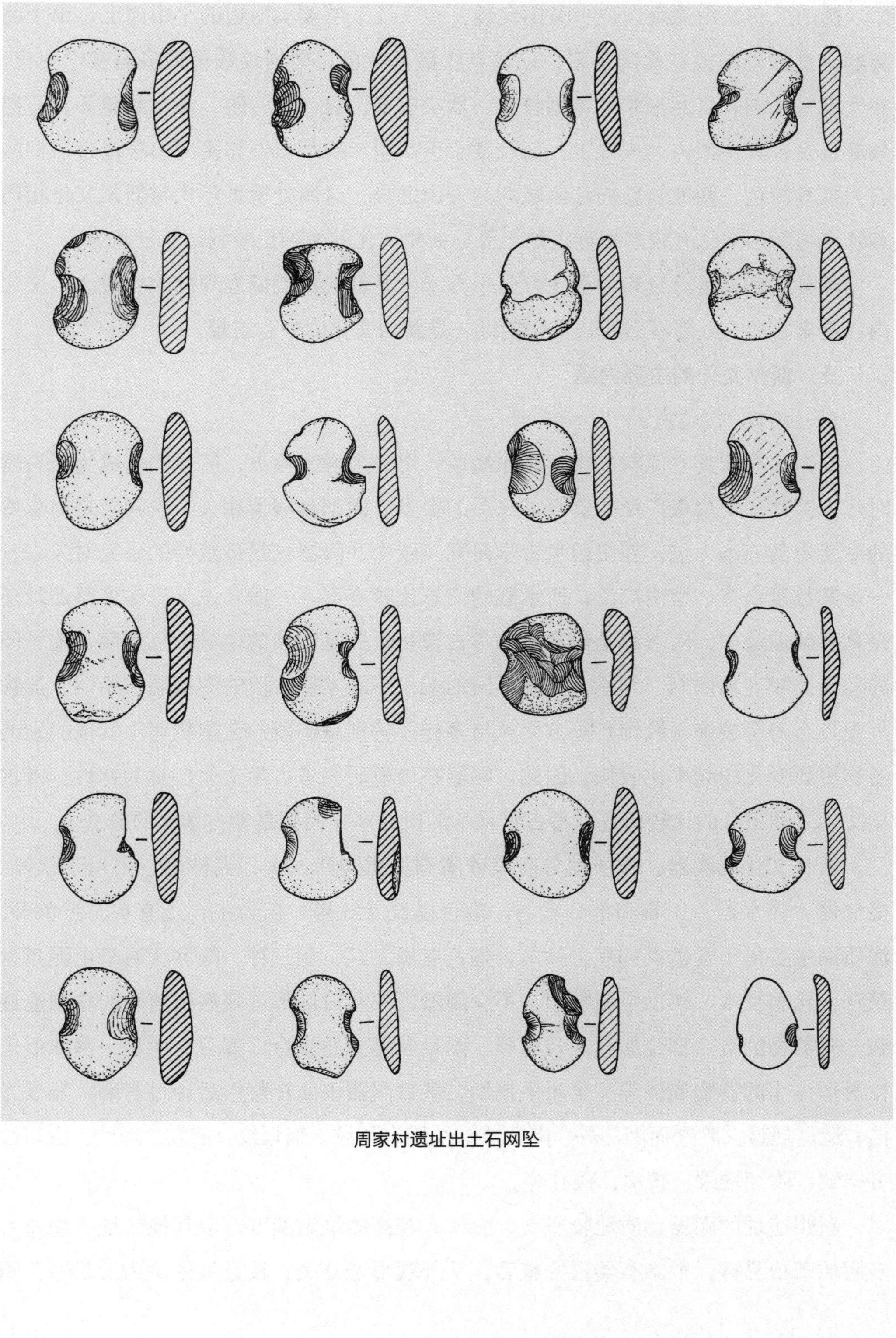

周家村遗址出土石网坠

黄山区蒋家山遗址，位于黄山北麓、青弋江上游婆溪河边的小山岗上，出土的陶器以夹砂红陶或红褐陶最多，以篦点纹最具特色，刻划纹数量最多而富于变化，并发现一件刻有日月形状的刻划符号。器类有鼎、豆、鬶、碗、钵、纺轮等。石器数量最多，其中镞占六成以上，而长度小于5厘米的小石钺和两侧出角或带短柄的石刀最具特色。两地与新安江流域均为一山之隔，这两处遗址年代与新州文化相同，其特点与新州文化有较多相近之处，可见新州文化的影响已经到达长江流域。

歙县新州遗址总分布面积3万多平方米，是新安江流域发现的规模最大、文化内涵最丰富的一处新石器时代文化遗址，是新州文化的中心遗址。

三、新州文化的主要内涵

（一）陶器

陶器本身就具有原料易得、制作简单、用途多样等特点，所以陶器成为新石器时代人类社会使用最广泛的器具，生活的很多方面都与陶器相关，说陶器是最重要的生活用具亦不为过。在史前考古学研究实践中，陶器也是最重要的研究对象之一。一是其数量众多，使用广泛，所承载的信息比较丰富，一般来说无论是聚落遗址还是墓葬等遗迹中，陶器都是最常见的考古遗物；二是陶器的地域特色鲜明，地域间的差异比较容易区别、判断；三是不同地域、不同发展阶段的陶器制法不同，器物外观形态乃至装饰（纹饰）等方面风格多样，特别是陶器的造型相对于其他类别的器物更新变化的频率比较快。因此，陶器在分析研究考古学文化自身的特性、考古学文化之间相互的比较研究、考古年代学的研究等方面都是考古学家的首选。

新州文化的陶器，按质地分有夹砂陶和泥质陶两大类，夹砂陶主要用于炊器、盛储器、汲水器、工具和部分食器，陶色以红（红褐）色为主，还有灰、黑色等，泥质陶主要用于食器类如豆、钵等，陶色有黑、红、灰三种。陶器普遍采用泥条盘筑法、轮制技术，辅以手制整形，不少陶器底部和口部都可观察到清晰的轮制痕迹，在一些器物的接合部位如鼎足与鼎腹、圈足与器身的接合部都可见手制、刮抹痕迹，少量形体小的器物如钵等完全用手捏制。多数陶器表面在整形后经过打磨，器表光洁，造型规整。除素面陶器外，陶器装饰纹饰有弦纹、刻划纹、篮纹、绳纹、戳印纹、方格纹、附加堆纹、按窝、镂孔等。

新州遗址的陶器，质地较坚硬，应该有较高的烧制温度，但其他遗址的陶器大多陶质疏松易碎，很难有器形完整者。从外观形态分类，按数量依次为三足器、圈足器、圜底器、平底器，按用途分类，则有炊器、盛储器、汲水器、食器和工具，几乎包含了那个时代的所有类别。由此可见，新州文化的陶器生产技术已经是比较成熟的、专业化的，应该由专门的人来承担。

三足器有鼎、鬶、壶三种。鼎折沿圆唇、沿面凹弧，腹部最大径靠下部，腹上有凸棱装饰。鼎足形式多样，有鱼鳍形扁足、鸭嘴凿形足、柱形足、舌形扁足等，多装饰条状刻划纹。鬶为细颈袋状足、宽扁把手，但未有完整器。壶长颈鼓腹，下有三个锥状矮足，表面磨光。

圈足器有尊、豆、碗、盘、盂等。尊为宽折沿、沿面凹弧，深腹、腹部下垂，腹上部有凸棱装饰，圈足微外撇。豆是主要的盛食器之一，多为泥质陶，浅盘，高柄，豆柄有凸棱装饰、少数有镂孔。碗敞口矮圈足。圈足盘类，盘较浅，矮圈足，盘外壁饰刻划纹。新州遗址曾出土盂2件，形制相似，敛口折肩、腹较深，喇叭状圈足，一件在口沿下有两个对称的小圆孔，一件在口沿下有四个对称的小圆孔，且内壁满刻槽，口部作出流口。这两件陶器应有特殊用途，暂名为盂。

新州遗址出土陶盂，内壁刻槽

圜底器均为罐，器形与尊的圈足以上部分相似，宽折沿、沿面凹弧，折肩，深腹。平底器有罐、钵等。

此外还有工具类两种：纺轮，一般为圆形，上小下大、截面梯形，中间一个圆孔，也有算珠形的。网坠，长条形、截面近椭圆，上下作出两道凹槽用于绑缚。

（二）*石器*

数量众多、种类丰富的石器是新州文化的一个重要特点。

多数石器制作精良，磨制精细、形制规整，一部分石器局部打磨，保留了很多前期制作过程中的疤痕。研究结果表明，新州文化石器的制作流程基本上经过选料—

制坯（切割）—整形—磨制—钻孔等复杂的加工环节，最终成品，几乎囊括了现代玉石加工工艺步骤，显示当时的石器制造技术已经比较规范成熟。

石器成品包括镞、锛、刀、斧、凿、钺、铲、矛、球、饼、砺石、刮削器、网坠、研磨器等，其中，数量最多的是镞、锛、刀。

按用途分类，石器主要有工具、兵器两大类，礼仪类和装饰类数量较少。

斧、锛、刀、凿、铲、饼、刮削器、犁、网坠、砺石、研磨器等均为工具类。斧、锛、凿一般认为是木材加工用具，斧用于砍伐、锛和凿用于劈砍、刮削、凿孔挖槽等。犁、刀、铲、研磨器等应为农具，犁和铲用于耕作，刀用于收割，研磨器用于脱粒，据研究，新州文化半圆形石刀的使用方法是在孔中穿绳成固定锁扣，手指穿入、手掌抵住刀背握住石刀，手腕与手指配合割取稻穗。砺石为石器加工工具。网坠则是捕鱼工具。但有些石器的用途（功能）并非单一的，如石刀，既可用于收割作物，又可用于切割肉类。斧、锛也可用于开垦土地。

兵器类主要有镞、矛、球等，除攻伐作战外，应该更多的是用于狩猎活动。石镞（箭头）分尖锋、两翼和铤三部分，安装在箭杆前端，主要用于较远距离射杀，新州文化的石镞不仅数量多，制作精细，而且形态多样，应是根据不同的使用场合设计制造出更适合的形式，以达到更好的使用效果。矛是一种典型的攻击性武器（刺杀兵器），形体大，威力大，长度都在 10 厘米以上，矛身宽扁三角形、有中脊。

新州文化的石钺，一般为长方形，有圆孔，均经过精细打磨、表面光洁。钺，既是兵器的一种，又是代表权威的礼器。商、西周时期盛行青铜钺，形制像斧，但比斧宽大，刃可砍劈，既用于砍杀和刑罚等实用功能，又多用于仪仗、殡葬，象征持有者的身份、权威。钺有时即王权象征，《太平御览》引《字林》："钺，王斧也。"新石器时代，只有地位高高在上之人，才有资格拥有。在长江下游的凌家滩文化、崧泽文化、良渚文化中钺是较常见的。

新州文化遗址中还发现大量石器半成品、已粗加工成形的石坯和制作过程中产生的废品、碎屑以及石料。

半成品是指已经打制成形，但未进一步加工，最终并未完成的石制品，特别是刃部均未处理，但已能分辨出是何种器物。石坯是指选择合适的原料石材后，通过切割、剥片等手段将石料加工成制造目标的初步形状，多为长条形、四边形石块或石片，厚薄不等，周身布满打击疤痕。废料是指在石器制作过程中产生的不能再次利用的石块、石片及碎屑，石块、石片形状不规则，以块状、长条状为多，通过观察，这些废料大多是在石器制坯时产生的边角料，都保留了较大面积的天然岩面，有些还可以判断出是制造何种器物产生的废料。碎屑体量都很小，包括有小石块和小石片等。废料中还包括制作过程中被打坏了且无法再利用的废品。

石料是指没有经过任何加工的天然石块，石料大小不一，个体体量差别较大，形状各异，有条、块状，有石片状等。

根据对新州遗址出土石器鉴定的结果，所采用的石料主要为变质岩，占总数的92.33%，少量沉积岩和岩浆岩。变质岩类主要包括板岩（板岩、砂质板岩、泥质板岩）、变砂岩（变细砂岩、变砂岩）、变流纹岩和花岗质片麻岩。而黄山祁门一带的中元古界上溪群板桥组有板岩夹变砂岩或者千枚岩变质砂岩的韵律，这种岩石组合跟新州遗址所用最多的板岩和变砂岩组合相同，因而，新州遗址石质品所采用的变质岩都是就近从当地的山区取得的。再结合出土的石料，可以认为新州文化石器制造都是就地取材。在遗址附近的河滩地就有大量的规格不一、材质坚硬的鹅卵石，可针对石器的制作需要很方便地选取。如亚腰形石网坠，就是选用椭圆形片状卵石，在短径两侧用石块敲出缺口，形成亚腰形，便于系在网绳上使用。

这种半成品、石坯、废料、石料与成品石器共出的现象，在已发掘的新州遗址和下冯塘遗址尤为突出，石器及相关遗物量大、种类繁多，还有石器加工工具——砺石，虽未发现明确的石器加工场，但存在大规模的石器制造是无疑的。出土石器种类齐全，有渔猎工具、农耕工具、刮削类工具、砍伐类工具等，并兼顾石器的功能组合；制作精良，根据石器的用途，有些通体精细磨制，有些体量较大的石锛在整形之后经过简单的磨制就投入使用，器身表面保留有很明显的打击疤痕，可见是根据石器的用途选择是否经过精细加工磨制，以提高工作效率。显示新州文化先民的石器制造技术较成熟规范，已经是专业化的生产模式。这种现象在大部分新州文化遗址中都有发现，是比较普遍的，但比新州和下冯塘遗址的规模要小一些。

(三)居住址及其他生活遗迹

新州文化遗址发现有灰坑、房址、灶坑等与生活、居住相关的遗迹。

灰坑是中国田野考古中常见的遗迹现象，指遗址中填充有文化堆积的坑状遗迹，包含了同一时期或不同时期在此生活的人们有意或无意留下的废弃物，灰坑形状多种多样，形成的原因多是废弃的窖穴等有实用功能的坑，也有专门用来填埋垃圾的坑。[①] 新州文化遗址中发现灰坑较多，形状以圆形或椭圆形为主，其余形状不规则。坑内填土中包含物有红烧土颗粒、陶器、石器等，基本上都是废弃垃圾。

新州遗址发现2个相邻的灶坑，均为近圆形。灶壁被火烧得很坚硬，有反复用火长时间烧烤形成的烧结面，灶内填土为灰黑色土，土质软且疏松，包含大量木炭屑。东侧灶直径48厘米，西侧灶直径60厘米。是烧火做饭的遗迹。

新州文化发现的房址大都是基础部分，不够完整。较清楚的3座房址有新州遗址一号房址、新州遗址二号房址、下冯塘遗址一号房址，大致可以看出房屋的结构，这3座房址代表了两种建筑形式。

半地穴式房屋：在地面下挖出浅地穴，并以地穴土壁为基础墙体，其上用木、竹为骨架，以草覆顶。

基槽式房屋：在地面下挖出基槽，木骨泥墙，以草覆顶。

此外，在各遗址中均发现有与建筑相关的圆形柱洞，但未见明显的活动面和基础，推测新州文化还存在第三种建筑形式，即干栏式建筑，用木柱（或竹）、梁为骨架建筑的、高出地面的架空式房屋，居住面不接触地面，可更好通风防潮。在河

干栏式建筑示意

① 王巍：《中国考古学大辞典》"灰坑"词条，上海辞书出版社，2014年。

姆渡文化就发现有比较完整的干栏式建筑，至今在中国南方地区仍有使用，是适合于多雨潮湿环境的传统建筑形式。

（四）生业经济与社会

新州文化分布于新安江流域，属温暖湿润气候区，日照充足，无霜期长，水资源充沛，这里植物生长繁茂、动物资源丰富，是较适宜古代人类生存的环境。

从石器的分类研究结果看，新州文化的石器中，对计入可多功能使用的石器进行统计，可用于农耕和粮食加工的工具占比 40% 多，有石锛、犁、铲、斧、刀、研磨器等，与狩猎、捕鱼类工具包括石镞、石矛、刮削器、石刀、石球和石网坠等占比差不多，在有些遗址占比还略高于前者，陶器中也有捕鱼用具——网坠。以此分析，新州文化先民通过狩猎、捕鱼应该是获取食物的主要方式，这也与他们所处的生存环境相符合。新州文化遗址都选址在依山傍水的有利位置，在河沼众多、猎物充足的环境中，人们更易通过渔猎获取较大比例的肉食资源。

大量可用于农耕和粮食加工的石器，而且功能组合较全、各环节都有相应的工具，可翻土的有犁、斧、锛，可收割的有刀、削，可脱粒的研磨器等，表明新州文化先民已经有了农业经济。新州遗址发掘中曾筛选出碳化稻粒，推测新州文化人工种植的应主要为水稻。

长江流域是世界上少数几个独立的农业起源地之一，水稻的种植历史悠久。长江下游和钱塘江流域已发现多处早期农耕遗址。① 与新安江流域相邻的浙江省浦江县上山遗址，发现了明确的栽培水稻，这也是长江下游发现的年代最早的栽培水稻。

上山文化碳十四测年数据在距今 11000 ~ 8500 年间，主要分布于钱塘江上游和金衢盆地，目前已发现 20 余处遗址。出土器物以石器和陶器为主，中期发现了部分彩陶，有环壕聚落。发现有大量与稻作生产的证据：栽培驯化（通过小穗轴观察、水稻植硅体、米粒的长宽比参数等）—碾磨脱壳的加工（石磨盘和石磨棒）—收割工具（片石石器）—食用（谷糠）等，包括了水稻生产加工食用的全过程。

在余姚施岙遗址，发掘揭露了大规模水稻田，从河姆渡文化早期一直延续到良渚文化晚期，古稻田中水稻植硅体密度达到每克 1 万～ 2 万粒，远超一般的古稻田

① 浙江省文物考古研究所等：《浦江上山》，文物出版社，2016年；浙江省文物考古研究所等：《浙江余姚市施岙遗址古稻田遗存发掘简报》，《考古》2023年第5期；郑云飞等：《稻作农业起源和农耕遗址发掘》，浙江省文物考古研究所：《浙江考古》（1979～2019），文物出版社，2019年。

施岙遗址古稻田

茅山遗址古稻田

认定标准5000粒／克。在古稻田堆积中，包含有数量较多的水稻小穗轴、颖壳、莎草、酸模叶蓼、眼子菜、旱莲等稻田伴生遗存。稻田中还发现田埂、河道沟渠、灌排水口等，形成较完整的农耕生产遗迹。

良渚文化时期稻作农业体系已经相当成熟，通过对良渚古城遗址动植物考古研究，稻米已是食物的主要来源，还有葫芦、甜瓜、桃、梅、杏、柿、李、菱角、芡实等种类繁多的瓜果种类，表现出种植业的多样性，另有野葡萄、南酸枣以及蔷薇科植物果实的采集作为食物的补充。在良渚古城内莫角山南侧发现大量炭化稻谷，估算有20万公斤。浙江临平茅山是一处坡地形遗址，由坡地的居住区、墓葬区和稻田区组成，稻田区位于山麓南侧的低地，包括良渚文化中期、晚期和广富林文化三个时期的稻田，其中良渚文化晚期稻田面积达83亩，估测当时平均亩产量约为141千克。田埂和灌溉河沟将整个稻田区区分为若干大田块，呈现出一幅典型的江南湿地稻作农业文化生态景观。

同处一水，与钱塘江流域有着密切文化联系的新州文化，出现人工种植水稻并不令人意外。但是，在新州文化遗址中并未发现更多与农耕有关的信息。结合各遗址文化堆积不厚、延续时间较短的情况，推测并未形成大规模农业，人工种植水稻和采集加工野生果实应是新州文化先民的另一个重要食物来源。

手工业方面，新州文化发现的陶纺轮，说明纺织已经有了活动。纺轮两面平、中间一个圆孔，截面形状有梯形和算珠形两种。纺轮是新石器时代常见的一种纺线工具，在苏州草鞋山遗址和湖州钱山漾遗址曾发现纺织品实物标本。如前所述，制陶和石器加工已经达到较高技术水平，并且是专业化生产。

石钺等礼制用品的出现说明新州文化存在着一些身份高于一般平民的特殊阶层，社会有了等级划分。

狩猎、捕鱼和农耕、采集是新州文化最重要的经济活动，与制陶、加工石器、纺织等共同构成新州文化先民的生业经济模式。这既与当时的生产力发展水平有密切联系，也反映新州先民对自然环境的高度适应。新州文化的先民选择在这里定居、繁衍生息，在依山傍水的地理环境中，利用山区的经济特点和大自然的禀赋，在田野里耕作，上山狩猎动物、采集果实，下河捕捞鱼虾螺蚌，从事制陶、石器加工、纺织等各业经济生产活动，用勤劳和智慧创造了丰富的物质文化和精神文化。

根据考古发现和中华文明探源工程最新研究成果，环太湖地区和宁绍平原地区到了良渚文化时期发展到顶峰，等级分化明显、社会分工细化，玉钺、玉琮等代表了王权和神权的礼器等等，都反映出良渚文化已经具备国家形态的基本要素，已经出现阶级、王权和国家，进入文明阶段。余杭良渚遗址出现一座宏伟的古城，面积约 300 万平方米，外城面积达 630 万平方米。城内莫角山遗址是由人工堆砌的高十几米的土台，大型宫殿建筑其上。反山贵族墓地出土有一件重约 6.5 公斤的玉琮，饰具有神徽性质神人兽面纹，与玉璧、玉钺等共同构成良渚文化礼仪玉器。为了抵御来自北部山地的洪水侵袭，在古城北部外围修建有大型水利工程，用草裹泥包垒砌的绵延 10 余公里的防洪大坝。一系列浩大的大型公共建筑工程需要投入海量的劳动力，还需要有复杂的社会组织和有效的管理机构。[①]社会高度复杂化的良渚古国的出现，本

良渚神徽

① 浙江省文物考古研究所：《良渚古城综合研究报告》，文物出版社，2019年。

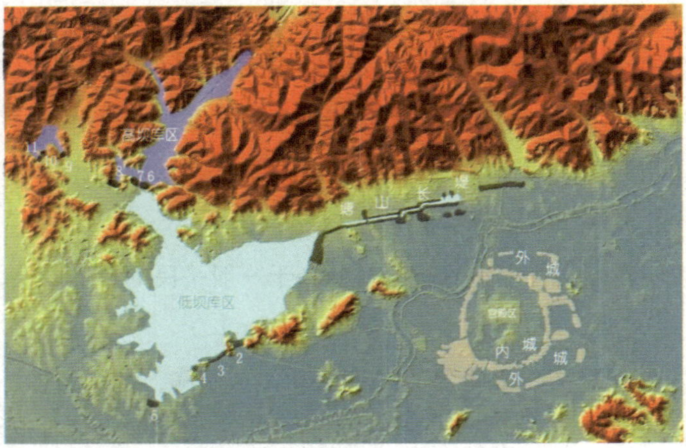

良渚古城

地区稻作农业最终取代采集狩猎成为社会经济的主体，形成稳定成熟的以稻作农业为主体的生业经济模式是其坚实的经济基础。2019 年联合国教科文组织批准通过良渚古城列入世界文化遗产名录，入选理由是：良渚古城遗址展现了一个存在于中国新石器时代晚期的以稻作农业为经济支撑，并存在社会分化和统一信仰体系的早期区域性国家形态的古城。

良渚文化衰落、古国崩溃，以太湖和宁绍平原地区为中心的长江下游文化区进入一段发展的低潮期。人口繁盛、高度发达的良渚社会衰落的原因，学术界比较流行的观点是认为受大洪水影响，也有研究认为是对外扩张失利；或多种因素作用下内部矛盾激化所致。良渚文化除在本地有延续以外，向南和西南方向发展应是一个主要的去向。继良渚文化之后，是以湖州钱山漾遗址命名的钱山漾文化，其分布范围比良渚文化略有扩大，与新安江流域相邻的浙江西南部地区都有发现，但遗址数量不多，尚未发现中心性的大型聚落，生产能力和经济水平都远比不上良渚文化时期。

时间上，新州文化大约与钱山漾文化同一时期。以陶器这种代表性的器物来对比，新州文化中可以找到良渚文化的一些遗留因素，某些器物可能就是从良渚文化同类器物脱胎演变而来。与钱山漾文化相比，则可以见到更多相同或相近的文化因素，如腹部下垂的陶鼎、高柄陶豆、细颈袋足陶鬶以及鱼鳍形鼎足、刻满条状纹饰的鼎足等等。石器方面相同或相似度更高。这些现象都显示出新州文化与良渚文化的渊源和与钱山漾文化之间的密切关系。我们可以得出结论，良渚文化遗民一部分迁徙到了新安江流域，带来了良渚的观念与技术，与当地土著居民一起创造了新州文化。

第三章　散居山野

——夏商时代的变迁

相当于中原地区的夏商时期，新安江流域的考古发现相对较少。在新安江流域已经发掘的主要新石器时代遗址中，多处都存在着夏商时代的遗存，叠压在新石器时代文化层之上。但从文化层堆积情况来看，夏商时代的文化层更薄而且遗迹很少，从文化层分布情况来看比较零散，少有大面积连片分布，而且范围也比新石器时代的文化层分布有所收缩。淳安县高祭台是本地区进行考古发掘的第一处遗址。

第一节　高祭台遗址和高祭台类型

一、淳安县高祭台遗址的发掘

高祭台遗址位于淳安县城西北 12.5 公里，进贤镇西北侧一处高约 18.5 米的小山上，东、西、北三面为高山所抱，南有御溪流经山下注入贤溪。

高祭台遗址全景

1957年6月，浙江省考古工作者对淳安县进贤镇高祭台遗址进行了第一次发掘，发掘面积181平方米，发现了包含几何形印纹硬陶、夹砂红陶、泥质黑陶和原始青瓷的遗存，伴出有小件青铜器及有段石锛、半月形石刀等磨光石器。[①]1958年冬，因新安江水库建设需要，又对高祭台遗址进行了第二次发掘，实际发掘275平方米。第二次发掘还应淳安县委的要求，在当地举办了文物博物馆工作培训班。[②]

发掘前遗址已遭较严重破坏。两次发掘出土有石器斧、锛、刀、镰、箭头、矛、砺石等，青铜器刀、锄、箭头、矛等，陶器纺轮、网坠、拍、鼎、罐、甗、筒形器等，以及大量的印纹陶。高祭台遗址的发掘所得的重要收获，是首次认识到“印纹陶的发展是在有了青铜器以后的事”。在此之前，学界对以往发现的印纹陶遗存认识不一，不少研究者认为印纹陶是东南沿海新石器时代的一种陶器。

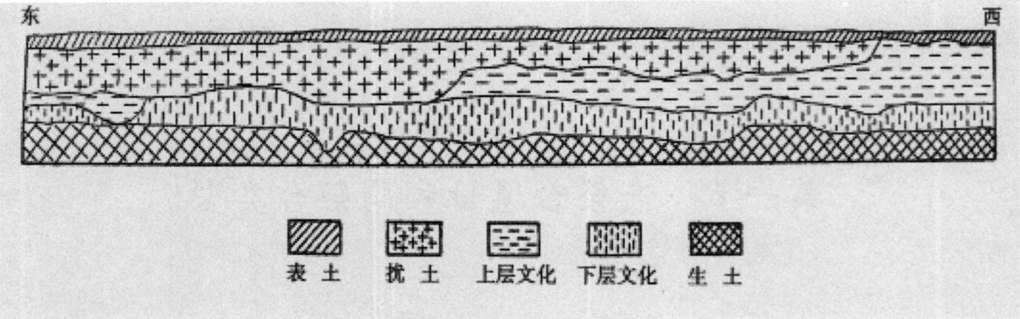

高祭台遗址地层剖面（探沟5南壁）

二、“高祭台类型”的提出

1956年和1957年，浙江省考古工作者对吴兴钱山漾遗址、吴兴邱城遗址进行正式发掘，在这两处遗址均发现了包含印纹陶的遗存。[③]

牟永抗先生将这类“包含有几何形印纹陶的古代遗存称作高祭台类型”，认为这是浙江境内一种青铜时代的文化遗存，是与古代越族有极其密切关系的一种考古

① 新安江水库考古队：《浙江省淳安县进贤高祭台遗址第一次发掘报告》，浙江省文物考古研究所：《浙江省文物考古研究所学刊第七辑》，杭州出版社，2005年，第93～99页。

② 新安江水库考古队：《浙江省淳安县进贤高祭台遗址第二次发掘总结》，浙江省文物考古研究所：《浙江省文物考古研究所学刊第七辑》，杭州出版社，2005年，第100～116页。

③ 浙江省文物管理委员会：《吴兴钱山漾遗址第一、二次发掘报告》，《考古学报》1960年第2期；梅福根：《浙江吴兴邱城遗址发掘简介》，《考古》1959年第9期。

文化。[1]“高祭台类型的年代正处于良渚文化结束到越国建立之间，或可称作先越文化。”[2]

1993年，牟永抗先生又进一步对此类遗存进行了研究，从遗存分布、石器陶器特征、与周邻同时代考古文化的联系等诸方面对高祭台类型作了归纳总结。[3]

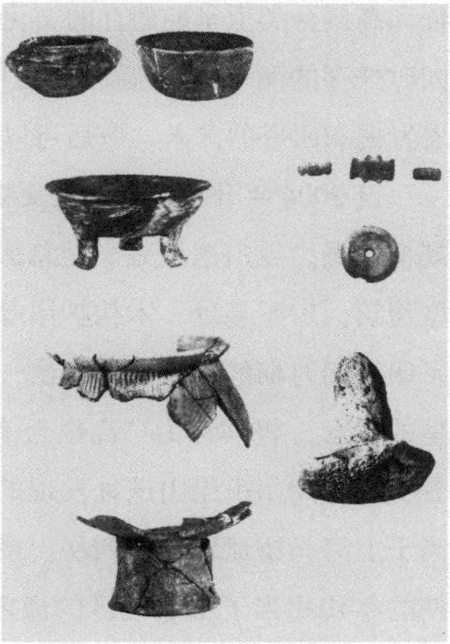
高祭台遗址出土陶器

高祭台遗址出土石器

高祭台类型的生产工具以磨光石器为主，偶见少量青铜制品。典型的石器有断面呈椭圆形的厚重石斧、有段石锛、半月形双孔石刀、斜把破土器、石犁等，还有武器类的石戈（矛）以及数量众多的石镞。生活用具主要是陶器，按质料分为夹砂红陶、泥质灰（黑）陶、硬陶和印纹硬陶等，夹砂红陶主要用于炊器，有鼎、釜、甗、盉、罐等；泥质灰黑陶有豆、盘、壶、钵等，硬陶是新出现的一种烧制温度较高的陶器，有罐、坛、瓮、钵、盂等，器物表面大多拍印有纹饰，主要纹饰种类有斜向条纹、方格纹、人字纹、折线纹、云雷纹、细方格麻布纹等，也有一些戳印、泥条堆贴等装饰方式。较晚还出现了原始瓷器。

牟永抗先生通过比较，认为高祭台类型与宁镇地区的湖熟文化、上海地区的马桥文化、江西地区的吴城文化、福建地区的黄土仑类型文化等基本同时代的考古学文化之间，有很多的共性，既有联系又有区别。但是，“马桥类型文化，特

① 牟永抗：《浙江新石器时代文化的初步认识》，《中国考古学会第三次年会论文集1981》，文物出版社，1984年。

② 浙江省文物考古研究所：《浙江省新近十年的考古工作》，文物编辑委员会：《文物考古工作十年1979～1989》，1991年，第121页。

③ 牟永抗：《高祭台类型初析》，浙江省文物考古研究所：《浙江省文物考古研究所学刊》，科学出版社，1993年，第7～15页。

征和高祭台类型早期遗存的文化似乎完全一致”“马桥类型可能是和高祭台类型早期同时并存的两个类型”。但他也明确指出：“高祭台的称谓也只能是暂时的代称，随着发掘和研究的深入，今后可以重新命名。”

自2004年开始，浙江省文物考古研究所对位于湖州市东郊的昆山遗址进行了大规模发掘。昆山遗址是一处总面积约100万平方米的大型聚落遗址，先后发现了大型建筑、房屋基址、木构护岸等重要遗迹。昆山遗址发掘的重要收获之一，是发现了印纹陶时期的堆积，清理出一批这一时期的遗迹和遗物。发掘者沿用了高祭台类型的概念，将其称为“高祭台类型时期遗存”，并在发掘报告中对此类遗存进行了分析。将湖州市昆山遗址发现的高祭台类型遗存分为早、晚两期，早期的年代约相当于上海马桥遗址的第四层，或相当于中原地区的夏末（或商初）—商代中期，晚期的年代相当于中原地区的商末—西周初。昆山发掘报告中提出：“高祭台类型从年代上而言与马桥文化—后马桥文化时期相当，从浙江地区的材料分析，高祭台类型的文化面貌基本上涵盖了西北地区该时期的文化特征。”①

在东苕溪流域，发现了烧制原始瓷器和印纹陶器的窑址群，② 已经确认窑址20多处，对湖州瓢山窑址和南山窑址的发掘，揭露出长条形龙窑若干，出土原始瓷器标本。经测年研究，窑址群的烧制年代主要在商代时期，有些测年数据已经进入夏代时期。

第二节　周边地区的发现

一、马桥文化

1959年，在当时的上海县马桥人民公社俞塘村发现一处古遗址，采集到大量的印纹陶和石器。③1960年，上海重型机械厂建设，对遗址造成很大破坏，遂对马桥

① 浙江省文物考古研究所、湖州市博物馆：《昆山》，文物出版社，2006年。

② 浙江省文物考古研究所、湖州市博物馆、德清县博物馆：《东苕溪流域夏商时期原始瓷窑址》，文物出版社，2015年。

③ 上海市文物保管委员会：《江苏上海县马桥俞塘新石器时代遗址调查》，《考古》1960年第3期。当时调查者认为是新石器时代遗址。

遗址进行了抢救性考古发掘，此次发掘面积2000平方米，这也是上海地区第一次正式的考古发掘。1966年又进行了第二次发掘。这两次发掘发现了丰富的遗迹、遗物，对上海地区的历史也有了新的认知，收获巨大。①1993年至1997年，因建设及研究的需要，上海的考古部门又组织对马桥遗址进行了四次考古发掘，并开展了相关研究，对马桥遗址的性质、特征等有了更清楚的认识。②

在1978年发表的《上海马桥遗址第一、二次发掘》报告中，把马桥遗址的堆积分为五层，其中第三层为东周时期文化层，第五层为良渚文化时期文化层。而处于两者之间的第四层，出土有陶器、石器、骨器、铜器等遗物，陶器大多有各种拍印的纹饰，发掘者判断第四层的年代大致在商代中晚期至西周早期，并注意到这类遗存的独特性，认为这类遗存与吴兴钱山漾遗址上层的印纹陶文化比较接近，是印纹陶文化的一种类型。③1978年，南京大学的蒋赞初先生在"南方印纹陶学术讨论会"上提交的论文中，把长江下游地区的印纹陶遗存分为早、中、晚三期，其中早期又分为"湖熟文化"前期和"马桥文化"，并总结了其重要特点，而"马桥文化"就是指以马桥遗址第四层为代表的以印纹陶为主的青铜时代文化，其主要分布区域在太湖流域。④这是第一次正式提出"马桥文化"的考古学命名。之后，有多位学者开展深入研究，从分布范围、文化特征、文化来源、年代及其与同时代考古学文化的交流联系等多方面对马桥文化进行分析，特别是2002年出版的《马桥：1993～1997年发掘报告》，不仅公布了更详尽的资料，还对相关问题进行了更深入的研究，使"马桥文化"的概念被学界认同。⑤

马桥文化的陶器分为炊器、盛贮器、食器几大类，包括鼎、甗、罐、釜、钵、盆、碗、豆、盘、簋、壶、杯、盉、盂、尊、鸭形壶等，常见的纹饰有绳纹、篮纹、云雷纹、方格纹、条形纹、折线纹、叶脉纹、附加堆纹等多种。出现了印纹硬陶和原始青瓷器。青铜器有凿、斧、刀、镞等小件器物。石器以磨制为主，主要有斧、钺、刀、戈、矛、锛、镞、凿、镰等。骨器有镞、锥、凿等。

---

① 上海市文物保管委员会：《上海马桥遗址第一、二次发掘》，《考古学报》1978年第1期。
② 上海市文物管理委员会：《马桥：1993～1997年发掘报告》，上海书画出版社，2002年。
③ 上海市文物保管委员会：《上海马桥遗址第一、二次发掘》，《考古学报》1978年第1期。
④ 蒋赞初：《关于长江下游地区的几何印纹陶问题》，《文物集刊（第三集）》，文物出版社，1981年。
⑤ 上海市文物管理委员会：《马桥：1993～1997年发掘报告》，上海书画出版社，2002年。

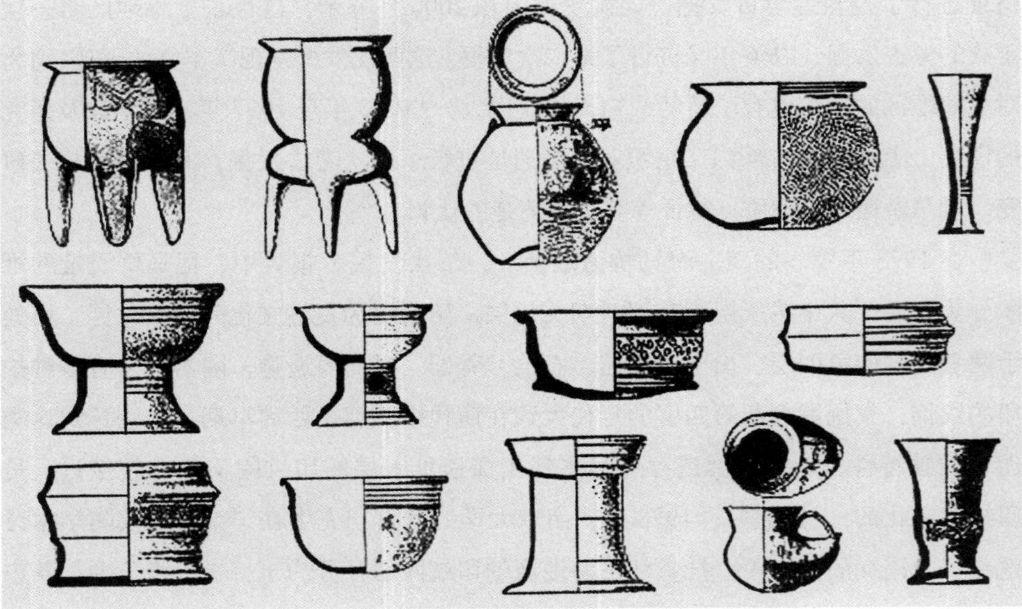

马桥文化陶器

根据已有的发现可知，马桥文化主要分布环太湖地区，包括江苏南部、浙江北部和上海地区，北边与宁镇地区的湖熟文化相邻，南可达杭州湾。马桥文化的相对年代，大约相当于中原地区的二里头文化二期至商代殷墟文化早期，[①]即夏商时期。根据碳十四测定的绝对年代为距今 3700 ～ 3200 年。[②]

二、肩头弄期和肩头弄类型

肩头弄是浙江省江山县的一处古遗址。

1977 年冬和 1979 年夏，浙江省文物考古研究所牟永抗等人在位于浙江省西南部的江山县开展考古调查，发现包含有印纹陶的古文化遗存 24 处，并对肩头弄、山崖尾和地山岗等地作了试掘。在 1981 年发表的《江山南区古遗址墓葬调查试掘》文中，作者将所获遗物分为 6 个单元，“第一、二、三单元的时代可能均早于商代，其主要分布地区为肩头弄可称作肩头弄期；第四单元的时代约相当于商代，可称为营盘山期；第五单元的时代约当西周早期，可称为地山岗期；第六单元的时代约当西周

① 宋建：《马桥文化的编年研究》，《长江流域青铜文化研究》，科学出版社，2002年。

② 陈杰：《追寻马桥文化》，上海书店出版社，2018年，第130页。

的中晚期，可称作为石门大山期”。[①]并指出“肩头弄期”的“分布范围似乎仙霞山两侧的浙南、闽北为主，向北可能延伸到新安江沿岸。很可能这一带存在着具有自己特色的原始文化类型”。

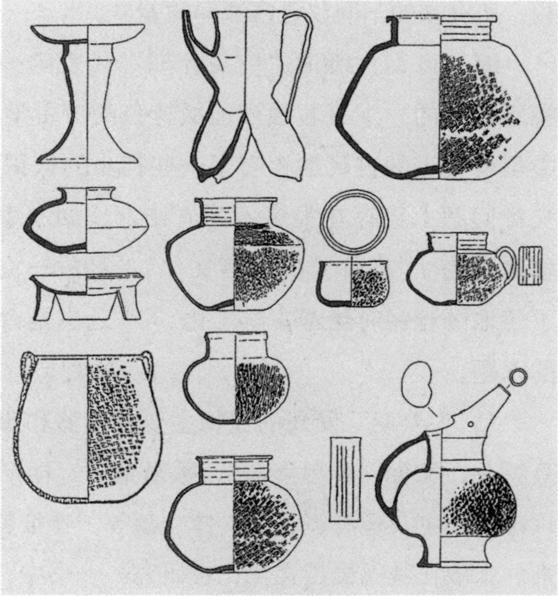

肩头弄期陶器

“肩头弄期”所包含的陶器，三个单元间其实是有着不小的区别，比如第 1、第 2 单元中黑陶的数量占有绝对优势且陶器以平底居多，而第 3 单元中印纹陶数量明显增多、陶器底部凹进的风格占了主流等等。同类的遗存在福建北部的光泽马岭遗址、[②]邵武斗米山遗址[③]均有发现，特别是马岭遗址墓葬中出土的陶器，与肩头弄期第 3 单元的陶器基本相同。

“肩头弄期”虽然只是一个根据极有限资料提出的临时性的称谓，并非一个很清晰的考古学的概念，但它的提出，意义在于初步辨识出新的地域文化因素，对于浙闽赣皖四省交界地区夏商时期考古学文化特征的研究，起到了积极的促进作用。之后有学者把此类遗存归入马桥文化，将其作为马桥文化的一个分支（地方类型），称“肩头弄类型”。[④]后来学者也同时使用“肩头弄类型”或“肩头弄文化”的名称。

罗汝鹏将“肩头弄期”陶器群特征及年代进行了系统的梳理和研究，将其划分为“斗米山中层类型”（以福建邵武斗米山遗址命名）和“马岭类型”（以福建光泽马岭遗址命名）两个分支。认为此类遗存是分布于闽浙交界地区的同一类考古学文

---

① 牟永抗、毛兆廷：《江山南区古遗址墓葬调查试掘》，浙江省文物考古所：《浙江省文物考古所学刊－1981》，文物出版社，1981年，第57页。

② 福建省博物馆等：《福建省光泽县古遗址古墓葬的调查和清理》，《考古》1985年第12期。林公务：《光泽古墓葬出土陶器的类型学观察——兼论闽北地区史前文化发展序列》，《福建文博》1990年第2期，第60～69页。

③ 福建省博物馆：《邵武斗米山遗址发掘简报》，《福建文博》2001年第2期，第1～49页。

④ 陆建芳：《初论马桥——肩头弄文化》，《东南文化》1990年第1～2期。

化，所存在的不同仅是区域间的差异。①

综上可见，所谓“肩头弄期”代表的一类考古遗存，是分布在浙江西南部、福建北部的一支有着强烈地域特色的考古学文化，目前虽然对肩头弄期或肩头弄类型所代表的古代遗存有了一些初步的认识，但在名称、分布范围及文化面貌等关键问题上还存在很多不同看法，比如《中国考古学大辞典》“马桥文化”条目就表述为：“亦称‘后良渚文化’‘马桥—肩头弄文化’‘高祭台类型’等。长江下游地区青铜时代考古学文化。”② 这也是今后本地区考古工作需要重点研究解决的课题。

“肩头弄期”发现的遗物主要是陶器和印纹陶器。其中表面涂有黑色的陶器最具特色，又称“着黑陶器”，数量最多，器形主要为各种罐类器物。印纹陶器也是以罐类为主，还有盉、豆、钵、盘等。特征鲜明，与其他地区同时代陶器有明显区别。张敏在其《吴越文化比较研究》一书中，总结肩头弄类型的陶器主要有造型各异的陶罐，如高领罐、矮领罐、深腹罐、圆腹罐、折腹罐、钵形罐、带把罐等，此外还有大袋足盉、罐形阔把匜、象鼻匜、折腹浅盘粗柄豆、宽把杯等，纹饰流行条纹、方格纹、席纹等。③ 其存在年代大致相当于中原地区夏代时期。

江山第四单元即营盘山期遗存，着黑陶器消失不见，主要器物为印纹陶器和少量原始瓷器，有罐、坛、豆、钵等，其存在年代相当于商代时期。目前这一时期的资料发现较少，文化面貌不太清楚。

① 罗汝鹏：《公元前20至前9世纪中国东南地区考古学文化研究——以闽浙赣交界地区为中心》，北京大学博士论文，2014年。

② 王巍：《中国考古学大辞典》，上海辞书出版社，2014年，第323页。

③ 张敏：《吴越文化比较研究》，南京出版社，2018年，第126页。

江山南区出土印纹陶器（1-5第2单元，6-10第3单元，11-12第4单元），引自黄昊德、田正标、游晓蕾著：《越国考古》，浙江人民出版社，2022年10月

三、关于印纹陶的问题

印纹陶是指表面压印或拍印纹饰的陶器，因纹饰大多为几何图案，也称几何印

纹陶。除普通的夹砂和泥质印纹陶器外，大量的是烧成温度比较高、质地远较普通陶器坚硬的印纹硬陶，烧制温度达到1000摄氏度以上，敲击胎体有铿锵之声，部分陶器表面还有透明釉状流体。印纹陶也是新安江流域夏商时期考古遗存的最重要特征之一。

在中原地区流行青铜文明的夏商周时期，印纹陶广泛分布于中国南方地区，是中国南方独具特色的文化基因，是百越文明的文化纽带，共同构成中国南方地区先秦考古学文化的重要内涵，在南方先秦考古研究中占有极其重要的地位。按照已知的考古资料和研究成果，印纹陶起源可以追溯到8000年前的浙江萧山跨湖桥遗址，该遗址出现了拍印陶器——印纹陶，并出土陶拍、陶垫等拍印工具。此时的陶胎为一般黏土，不耐高温，陶质较软，拍印交错绳纹、篮纹、菱格纹等纹样。①

新石器时代末期至相当于中原地区的夏代初期，印纹硬陶开始烧成。新石器时代末期至夏初，印纹硬陶开始出现，但是器类少，纹饰单一，为印纹硬陶的萌芽期。到夏商时期印纹硬陶逐渐发展成熟，西周时期是印纹硬陶繁荣时期。（各地区）趋于一致，呈现出器类相同、纹饰一致的大一统格局。春秋时期，印纹硬陶的纹饰又渐趋简化，器类主要是罐和坛类。战国时期印纹硬陶的器类和纹饰都进入衰退期。到秦汉时期，慢慢退出了历史舞台。②

印纹陶遗存分布地域广泛，延续时间长。因其分布广泛且数量庞大，吸引了众多学者的目光，一度成为研究的热点。但是，在很长的一段时间，对印纹陶遗存的认识是不清楚的。从地域来说，曾经普遍将其视为一个文化，冠以“几何印纹陶文化”或“以几何印纹陶为代表的文化”“印纹硬陶文化”等不同的名称，并将其视为古越人创造的文化。从时代来说，很多人把它看作新石器时代文化，甚至将含有印纹陶的遗存统统划入新石器时代。因此，在研究表述中，“印纹陶”的含义其实千差万别，各不相同。对印纹陶没弄清楚，同时对南方先秦时期考古学文化的认识也难以取得进展，无法深入。随着考古资料的积累，学界发现问题越来越多，“印纹陶的特征究竟是什么？能不能把它定名为考古学上的一种文化？它的产生和发展情况怎样？江南各地区之间印纹陶的关系怎样？与中原文化的关系又怎样？印纹陶生产者的族属

① 浙江省文物考古研究所等：《跨湖桥》，文物出版社，2004年。

② 黄昊德：《越韵·越礼·流变——先秦越系印纹陶原始瓷综论》，浙江省文物考古研究所编著：《锁钥——先秦印纹陶原始瓷器特展》，文物出版社，2019年。

是谁”，[①] 等等，一系列关键问题亟待澄清。对此，考古学家李伯谦先生曾经有过论述：“1973 年吴城遗址发现与开始发掘之前，考古学界对长江以南先秦时期考古遗存的认识，基本上还停留在软陶—硬陶—印纹陶三个发展阶段的水平上。在长江以南，尤其是江西、浙江、福建、广东、广西以及上海、苏南等省区，有没有青铜文化，存在不存在青铜时代；含几何形印纹陶的遗存是属于一个统一的几何形印纹陶文化，还是可以分为几个不同的考古学文化；长江以南何时开始进入文明时代，有了国家；江南地区和中原地区在文化上存在着什么联系等一系列问题，长期处在扑朔迷离、若明若暗的状态，缺乏明晰的见解”“广泛分布于长江以南地区含有几何形印纹陶的遗存，其间虽有密切的联系，但不同地域地理环境千差万别，文化特征不尽相同，即使同为几何形印纹陶器，形制、纹饰、制法也会有一定区别。因此，将江南地区含有几何形印纹陶的遗址看作是一个统一的考古学文化并不符合实际。”[②]

1978 年 8 月 24 日 ~ 9 月 3 日，由江西省博物馆和文物出版社联合发起，在江西庐山召开了“江南地区印纹陶问题学术讨论会”。来自 22 个省市 55 个单位的近百名代表与会，“各地代表带来了上千件文物标本，提交了 33 篇学术论文和报告”。内容广泛涉及印纹陶研究的各个方面，对一些过去有争议的问题讨论尤其热烈，一些重要的学术问题取得初步共识。这次会议，在中国南方地区的考古史上是一个重要的里程碑，特别是对南方地区青铜时代考古而言。[③]

李伯谦发表于《北京大学学报（哲学社会科学版）》1981 年第 1 期的《我国南方几何形印纹陶遗存的分区、分期及其有关问题》一文，据作者附记，此文是根据“江南地区印纹陶问题学术讨论会”上的发言补充修改而成的，1978 年 8 月初稿，1980 年 7 月修改。[④] 该文将南方地区的几何形印纹陶遗存划分为宁镇区、太湖（包括杭州湾地区）区、赣鄱区、湖南区、岭南区、闽台区和粤东闽南区七个大区，对各区分别进行了分期。并总结了各区的文化特征，对各区的文化性质及其相互关系、与中原和其他地区的文化交流等问题进行了深入分析。得出“广泛分布于我国南方的

① 彭适凡：《江南地区印纹陶问题学术讨论会纪要》，《文物集刊3》，文物出版社，1981年。

② 李伯谦：《江南考古的重大突破——为纪念吴城遗址发掘三十周年而作》，《中国文物报》2004年；《文明探源与三代考古论集》，文物出版社，2011年。

③ 彭适凡：《江南地区印纹陶问题学术讨论会纪要》，《文物集刊3》，文物出版社，1981年。

④ 李伯谦：《我国南方几何形印纹陶遗存的分区、分期及其有关问题》，《中国青铜文化结构体系研究》，科学出版社，1998年。

几何形印纹陶，产生于不同的地区，来源于不同的文化，有着各不相同的特点，结合它们所处自然条件的差异可明显区分为不同的七区，代表七支具有不同来源和特点的文化”的结论，并指出“文化的发展不是孤立进行的，随着各区不断的文化交流，从西周开始，区与区之间的差别渐趋缩小，并逐步融为一体，最初是宁镇区与太湖区，而后是岭南区与粤东闽南区，到战国时期，在几何形印纹陶范围内已基本具备了大体一致的文化面貌。”[①] 这篇论文，把分布广泛的南方印纹陶遗存，进行了一个比较清楚的梳理，关于印纹陶研究的新思路也为学界认同，极大地促进南方青铜时代研究的深入。之后对印纹陶遗存的研究，基本上是遵循这个新思路开展的。

第三节　新安江上游地区的发现

一、考古发现及分布

1994 年，在新州遗址的发掘中，发现以第 3 层为代表的新州遗址第二期文化遗存，文化层堆积厚度约 0.4 米，年代相当于中原夏商时期。

新州遗址第二期文化遗存的陶器以夹砂陶为主，陶色有红、红褐和灰色，有少量表面涂黑的陶片和灰色印纹硬陶片。纹饰种类有弦纹、云雷纹、方格纹、菱形纹、戳印连珠纹、绳纹、篮纹、刻划纹等，有的陶器仅饰单独一种纹饰，有的则是组合纹饰。流、把手、鋬手等使用较多。器形有罐类、钵碗类、鬶、豆、甗、盂、盆、釜、瓮、直筒罐、杯、器盖和支座等。

① 李伯谦：《我国南方几何形印纹陶遗存的分区、分期及其有关问题》，《北京大学学报(哲学社会科学版)》，1981年第1期。

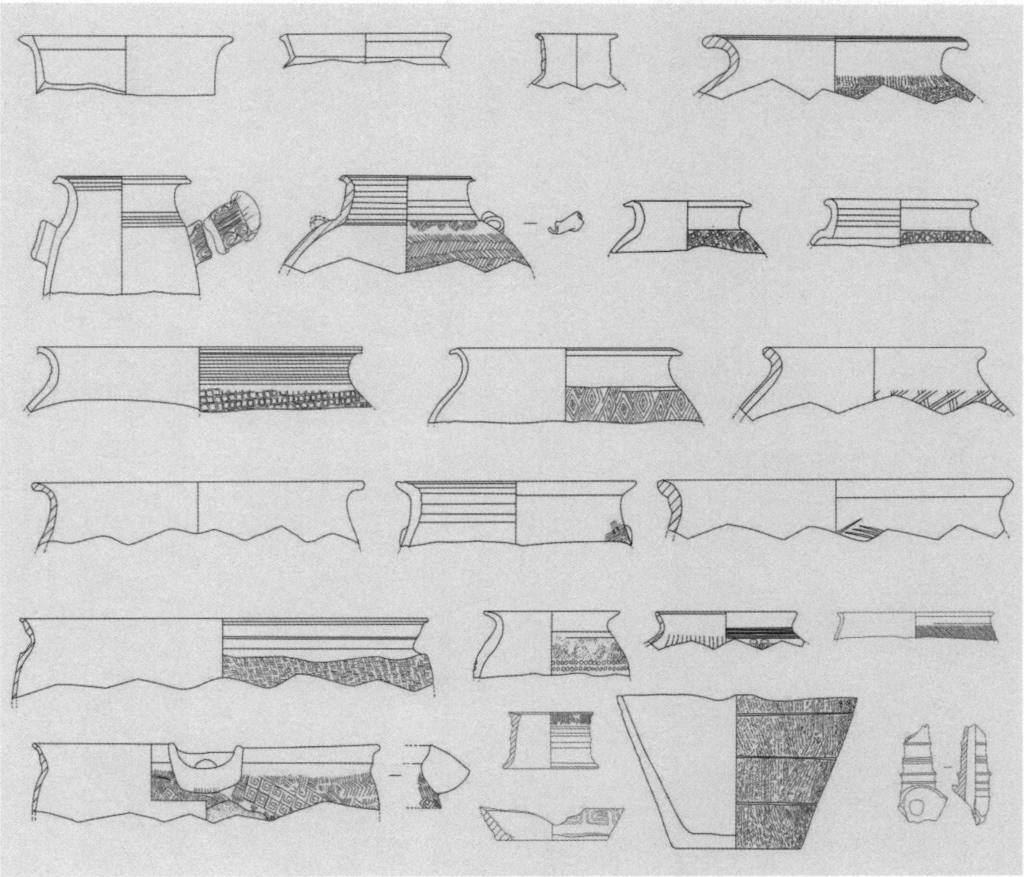

新州遗址二期陶器

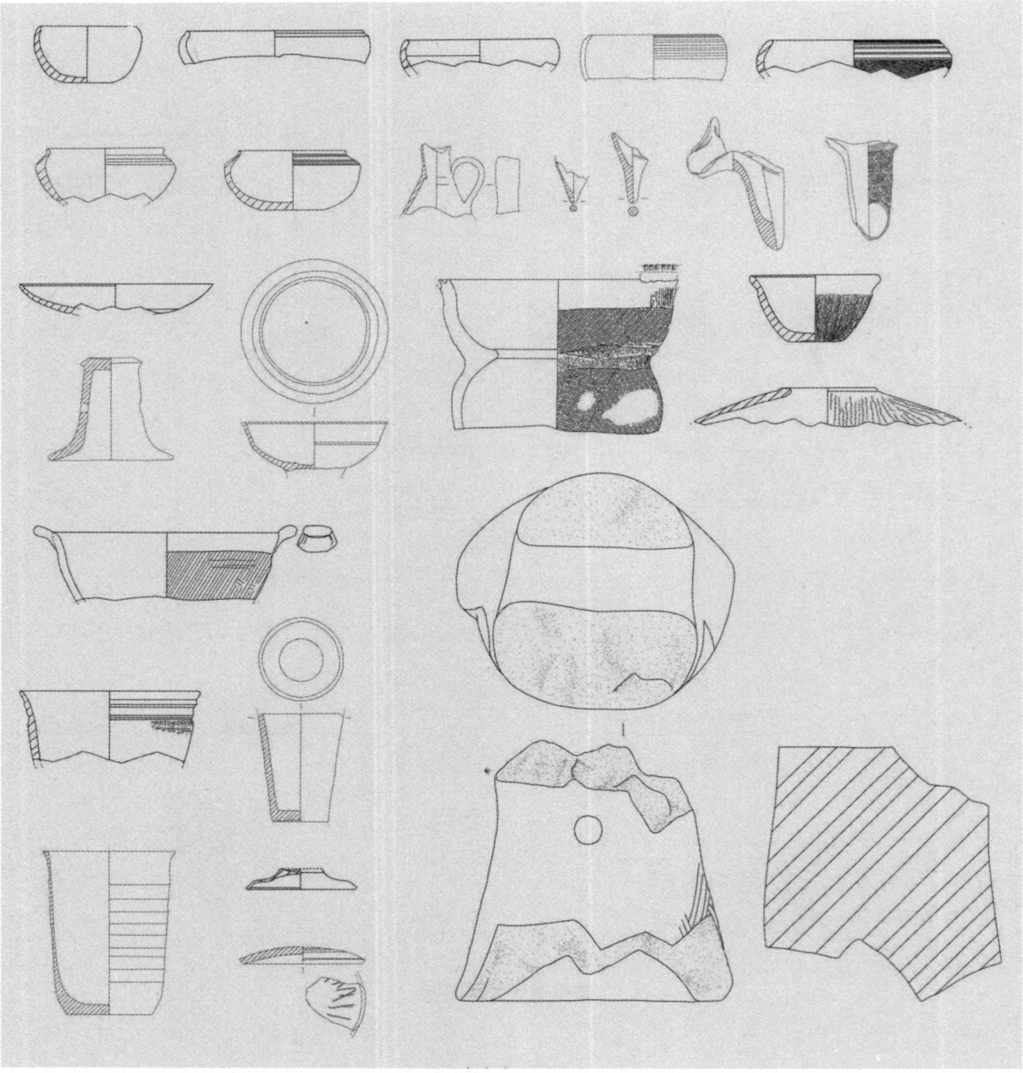

新州遗址二期陶器

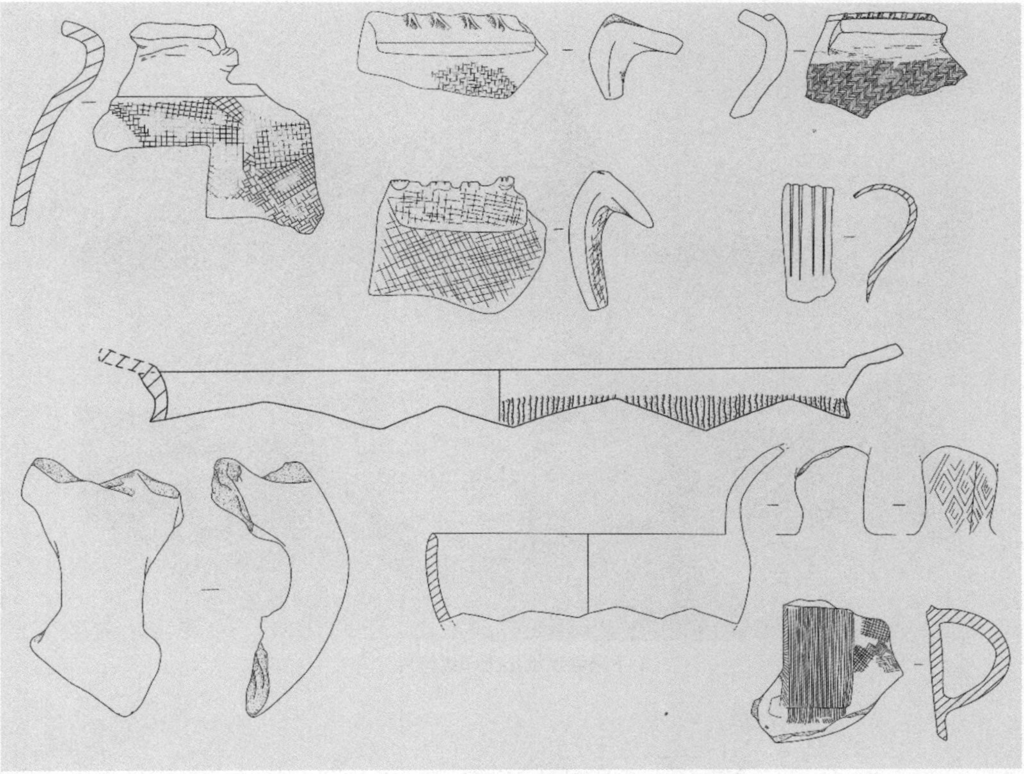

新州遗址二期陶器

陶罐有平底和圜底两种，有在肩部设对称的牛鼻形器耳。直筒罐1件，近直腹，近底处内收，平底。器身有多道不明显凸棱和刮抹痕迹，底部有手指按窝。鬶器身与足连接处饰一圆形贴塑，与贴塑相对处有桥形宽带鋬把，中空袋足，上饰席纹。夹砂黑皮陶豆，敞口浅盘，高柄，喇叭状圈足。夹砂红陶甗，双腹束腰，底部残缺，束腰内壁转折处有承箅凸棱，口沿下有对称的耳状系，器壁上戳一小孔，耳包在小孔外，器身通体饰席纹，甗腰处饰绳纹。夹砂灰陶带流盉，束颈鼓腹，腹部有一管状流，底残缺，器身饰绳纹。

1994年春，安徽省文物考古研究所对歙县下冯塘遗址进行试掘，出土了大量新石器时代遗物，此外还发现了一些相当于中原夏商时代的遗存，主要是印纹陶罐的口沿和平底，印纹纹样有方格纹、折线纹、弦纹和米字纹等。[①] 特征与高祭台遗址发现的印纹陶遗存相近。

① 宫希成、程平：《歙县下冯塘遗址发掘简报》，《文物研究》第11辑，黄山书社，1998年。

下冯塘遗址出土印纹陶片

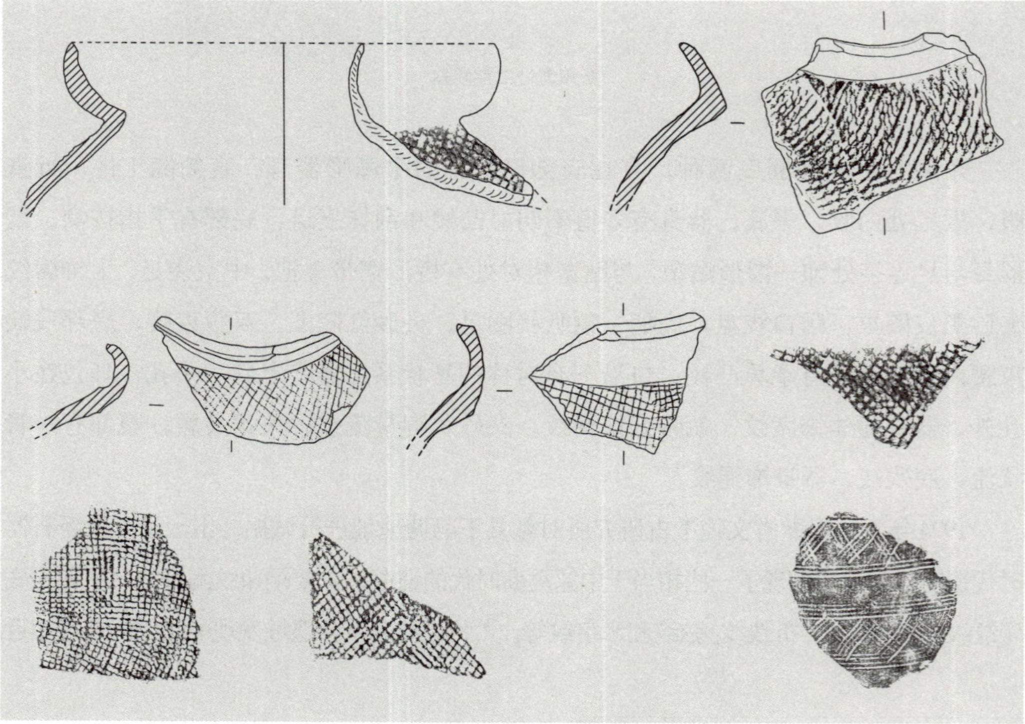

下冯塘遗址出土陶器与纹饰

2021年秋，安徽省文物考古研究所对绩溪县胡家村遗址的发掘也发现了本阶段的遗存，主要分布在遗址中部，文化层厚度约40～50厘米。出土遗物以印纹陶器为主，夹砂和泥质陶器较少，有着黑陶片，石器数量也比较多。

印纹陶器都是残片，没有能复原完整者。颜色有灰、红、褐三色，纹饰大多比较杂乱、不太清晰，其中席纹、小方格纹数量最多，其他有回纹、叶脉纹、菱形纹、云雷纹等，数量均不多。器形种类有罐类、钵、盂、瓮等，器底见有平底、凹底两种。另有矮圈足，可能是圈足盘类器物。

胡家村遗址出土印纹陶片

另有 2 件原始瓷器残片。一件为豆盘，盘较浅，灰白色，釉已脱落。一件为盂，折肩，矮圈足，器身施青色釉、部分已脱落，圈足不施釉。

胡家村遗址出土印纹陶罐

胡家村遗址出土印纹陶钵、盂和原始瓷豆

夹砂陶器均为红褐色和灰色，纹饰有拍印纹、绳纹、弦纹等。器形种类有罐、甗、鬶、钵、盂、器盖，还发现鬲足。甗多为敞口，腰部微缩，小平底，沿下有两个对称的扁錾手或在口沿部位有对称的耳状系，器壁上戳一小孔，耳包在小孔外，内腰部有凸棱承箅，器身通体饰席纹，甗腰处饰绳纹。

胡家村遗址出土陶甗

胡家村遗址出土陶甗内部

鬶足为尖状空袋足，施满席纹。流行錾手，形状有舌形和长方形。鬲足为尖锥状袋足，饰绳纹。

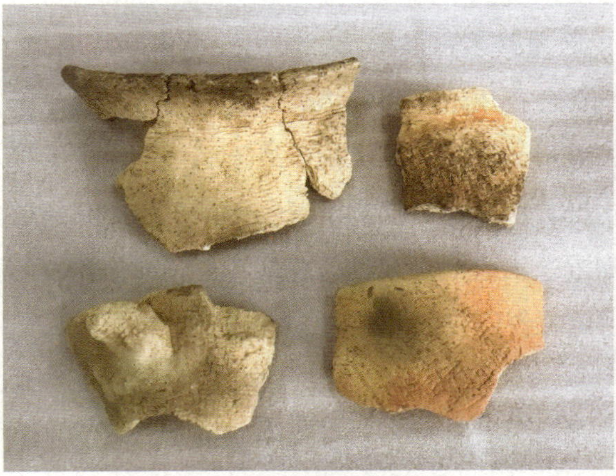

胡家村遗址出土陶甗、罐口沿

胡家村遗址出土陶甗耳

胡家村遗址出土夹砂陶鬶足

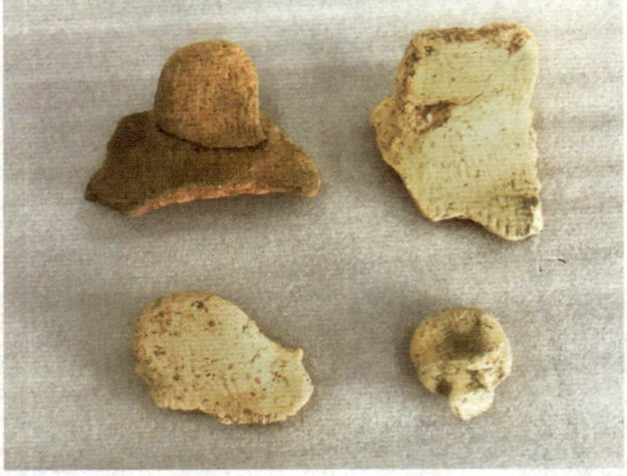

胡家村遗址出土陶鋬手

泥质陶器较少，有豆、钵、盂等。

除以上 3 处地点外，在歙县太子山遗址、徽州区桐子山遗址、屯溪区下林塘遗址、休宁县溪北遗址和休宁县典口遗址，均有少量本阶段的遗物，特点基本一致。

此类遗存的范围，是以歙县—屯溪盆地为中心，在新安江的支流扬之水、富之水、丰乐河、率水沿岸分布，比新州文化范围更小一些。

胡家村遗址出土陶钵

二、出土遗物反映的文化面貌

印纹陶器是本区域夏商时期文化中数量最多一类器物，但出土物中残片居多、完整的较少。陶色有灰、红、红褐、黑等色，质地坚硬，烧成温度较高。制法是以泥条盘筑法造型，轮制，局部辅以手工整形，再在泥坯上拍印或压印纹饰，由于整形和印纹过程中需要用手或工具抵住内部，所以在内壁常留下手指印痕和工具痕迹。烧成后的器物多数不太规整，局部变形或表面起泡是常见的现象，有一部分器表的纹饰比较杂乱、不太清晰，显示出在制烧的各环节技术上都还存在不成熟的一面。

纹饰中席纹、小方格纹数量最多，其他有弦纹、回纹、折线纹、叶脉纹、菱形纹、云雷纹等纹样。

器形种类有罐类、钵碗类、盂、瓮、矮圈足盘等，口沿有折沿、直口、敛口等，器底见有平底、凹底两种。

原始瓷器也有少量发现，均为残片，灰白色胎，施青釉，器形有豆、盂等。

夹砂陶器以泥条盘筑法造型，轮制整形，形体较小的器物直接以手捏制。陶色有红褐色、灰色、黑色，素面无纹饰的占比不少，纹饰有弦纹、方格纹、戳印连珠纹、绳纹、篮纹、刻划纹等，有的陶器仅饰单独一种纹饰，有的则是组合纹饰。流、把手、鋬手等使用较多。器形有罐类、钵碗类、鬶、豆、甗、盂、盆、瓮、直筒罐、杯、器盖和支座等。甗是最具特色的代表性陶器，多为敞口，双腹，腰部微缩，小平底，沿下有两个对称的扁鋬手或在口沿部位有对称的耳状系，器壁上戳一小孔，耳包在小孔外，内腰部有凸棱承箅，口沿以下器身通体饰席纹或绳纹，包括器耳和鋬手上都布满纹饰。泥质陶器多黑色或褐色，用于豆、钵之类较小型的盛食类陶器。工具类有陶网坠和陶拍。

石器仍是本阶段主要的工具之一，出土数量众多。种类有石斧、石锛、石刀、石铲、石镰、石镞等，与新州文化相比，不见石钺，多了石镰。石器的制作工艺及石器形态基本与新石器时代的同类石器相同。

铜器仅有零星发现，都锈蚀严重，器形难辨。新州遗址出土的一件铜镞虽有锈蚀但保存稍好，镞身圆锥状、锥形铤，长 5 厘米。

新州遗址出土铜镞

三、新安江流域夏商时期考古学文化的性质

从环太湖地区到浙江南部和浙、皖、赣、闽交界地区，夏商时期的考古遗存虽已发现不少，研究也逐步深入，但总体来说，这一阶段的考古遗存分布比较分散、单个遗址地点的发现不够丰富，相对来说资料积累仍然不足、对各区域考古学文化的认识仍然不太清晰。从命名上看，就有“马桥文化”“马桥—肩头弄文化”“肩头弄文化”“肩头弄期”“高祭台类型”“斗米山中层文化”“马岭文化（类型）”等令人眼花缭乱的名称，各个不同的命名，涵盖的地域和内容虽有差异，但大致上都指的是同一类考古遗存，反映的是研究者对考古遗存性质的不同认识和阐释，也反映出这一地区夏商时期考古学文化的复杂性。

从陶器（包括印纹陶器）、原始瓷器、石器、青铜器和聚落特点等方面进行比较分析，淳安高祭台遗址与上游的绩溪胡家村遗址、歙县新州遗址面貌、特征基本相同，说明分布在新安江流域的夏商时期考古遗存具有很大程度上的一致性，以考古学的概念解读，应该归属于同一个考古学文化。

与周边地区相比较，新安江流域夏商时期考古学文化虽与分布在太湖流域的马桥文化和分布在浙西南、闽北山区的肩头弄期文化有不少的共同特征，但区别也是显而易见的。因此，不能够简单地将新安江流域夏商时期考古遗存归入马桥文化或肩头弄期文化，而应将其作为一个独立的区域性考古学文化。但是，无论是肩头弄还是高祭台、胡家村、新州，此类的考古遗存都不丰富、面貌还不太清楚，每个地点的研究也都不够深入，都不具有典型性和代表性，所以，此类考古遗存如何命名、其影响的地域有多大、延续时间有多长等等，还都有待于今后进一步的考古发现与研究。

四、关于族属

每一个考古学文化，所反映的都是在某一时间段内、生活在一定范围的人类共同体的情况。那么，夏商时期生活在新安江流域、创造了一个独立的地域文化的族群是谁？

自印纹陶遗存被广泛发现后，就有学者研究认为创造印纹陶文化的是古越族，这一观点至今仍为大部分研究者所接受。

古越族，是对先秦时期分布于中国东南和华南地区土著族群或族系的总称，又称古越人，按现代行政区，范围包括上海、江苏、浙江、安徽、福建、江西、广东、湖南、台湾、广西、贵州、云南等省市的全境或部分地区，以及越南北部。

史料记载中，古越族有很多分支，故又称百越。《吕氏春秋 · 恃君》："扬汉之南，百越之际。"高诱注 ："越有百种"。这是关于"百越"一词首见于文献的记载。

《汉书 · 地理志》师古引臣瓒言 ："自交趾至会稽七八千里，百越杂处，各有种姓。"宋《路史》列有 26 个名称 ："南越、越裳、骆越、瓯越、瓯、瓯人，且瓯……所谓百越也。"

有学者统计，战国秦汉之际见于记载的有句吴、於越、东瓯、闽越、南海、南越、西瓯、骆越、滇越、干越等族群。①

到了东周时期，越族中较先进的一支以今浙东绍兴地区为中心建立了越国，并

---

① 蒋炳钊 ：《关于百越民族来源问题的思考》，《东南民族研究》，厦门大学出版社，2002年，第30页。

攻灭吴国，争霸中原，最后被楚国所灭。汉代古越的分支又曾建立过东海国、闽越国、南越国等小诸侯国，到汉武帝时被消灭，部分越人强行入籍。三国时又遭孙吴大规模征讨，将散居于山区的越人（“山越”）纳入国家的控制体系。隋唐之世，国家对南方地区控制力不断加强，越作为一个古老的民族逐渐消失，主体部分被汉族所同化，一部分留居偏远山区的越人，则发展成为不同的少数民族。

考古学中又有“越文化”的提法，但概念并不太明晰，一般来说是指东周时期的越国文化。又因吴文化和越文化在地域、内涵上都难以区分，笼统称“吴越文化”。有学者作出比较具体的定义：“越文化是百越部族集团中的於越族群所创造的精神文化和物质文化……越文化来源于马桥文化，其发展演进关系为肩头弄类型—马桥文化—越文化。”[①]

环太湖地区到浙江南部和浙、皖、赣、闽交界这一广大地区，是文献记载中古越族的聚居地，虽然对于夏商时期的考古学文化如何划分意见仍未统一，但将其归属为古越族，认识还是一致的。有学者更直接将马桥文化、肩头弄期文化等已命名或尚未命名的相关考古遗存称之为“先越文化”。[②]

新安江流域是这个大区域中的一部分，也是古越族的分布区，本地区夏商时期考古学文化的族属也应是古越族的一支。

① 张敏：《吴越文化比较研究》，南京出版传媒集团、南京出版社，2018年，第143页。

② 黄昊德、田正标、游晓蕾：《越国考古》，浙江人民出版社，2022年。

第四章　神秘古国

——西周时代的崛起

公元前 1046 年西周王朝建立并进入相对稳定的发展期，通过分封制度，建立了一批诸侯国，以卫宗周，加强了国家政权对边远疆域的控制。春秋时期，以今浙东绍兴地区为中心的越国逐渐强盛起来，并攻灭吴国，争霸中原，[①] 这是越族历史上最辉煌的时期。这一时期，新安江流域考古遗存主要是墓葬，聚落遗址及其他遗迹发现较少。

第一节　屯溪土墩墓

一、发掘经过和墓葬分布

(一) 发掘经过

屯溪是新安江流域最重要的城市，也是浙皖赣三省交界地区的交通要道和商业重镇。但其地处山区，自古以来对外交通主要靠水路及崎岖的山道。皖赣铁路直到 1981 年 10 月才接轨铺通，1985 年 6 月才由上海铁路局、南昌铁路局正式开办客货运输业务。1959 年，在屯溪城区西北的奕棋村新建飞机场，作为空中门户。[②] 机场建设施工中发现 2 座古墓，安徽省文化局文物工作队闻讯后立即派员进行了考古发

---

① 越国早期的历史渺茫难寻，不见史籍。在有些史料中最早可追溯到夏代。《史记·越王勾践世家》："越王勾践，其先禹之苗裔，而夏后帝少康之庶子也。封于会稽，以奉守禹之祀。文身断发，拔草莱而邑焉。后二十余世，至于允常。"《越绝书·记地传》："昔者越之先君无余，乃禹之世，别封于越，以守禹冢……千有余岁而至勾践……越王夫橝以上至无余，久远，世不可纪也。"

② 安徽省徽州地区地方志编纂委员会：《徽州地区简志》，黄山书社，1989年，第128、129页。

掘，取得了惊世发现。之后随着屯溪机场扩建和当地烧窑取土，又陆续发掘了6座墓葬，发掘工作也延续到1975年。①

第一次发掘：一号、二号墓。1959年3月，机场建设中发现2座西周墓葬，安徽省文化局文物工作队派出葛伯和、殷涤非、陈庭猷、张道宏前往发掘，参加发掘的还有休宁县、屯溪市文教局和文化馆干部吴庆钰、舒声祖、郑宝荣等。奕棋村在新安江南岸，村西南约1千米处有一条自东而西的冈峦，一号墓在冈峦终结处的田畈间，二号墓在200余米处的冈峦之上。发掘工作自3月27开始，至4月4日结束。出土文物运至合肥，因这两座墓的重要性，安徽省文化局专门召开了学术研究座谈会，加速了发掘资料整理研究的进程，当年即发布了发掘报告。

这次发掘，除收获了大批精美文物外，更重要的是让学术界对南方地区青铜时代的文化产生了许多新的认识。有坟堆而无墓穴的墓葬营造方式，是第一次科学发掘，由殷涤非执笔的发掘报告还对出土的瓷器、青铜器的成分进行了检测分析，探讨其制作工艺、原料来源等前沿问题。在当时的工作条件下，发掘者的学术眼光和工作效率不能不使人为之叹服。

第二次发掘：三号、四号墓。由合署办公的安徽省文化局文物工作队和安徽省博物馆共同发掘，工作时间1965年1月8日～15日、3月30日～4月2日，参加发掘的有李天敏、殷涤非、陈庭猷、张道宏等。

第三次发掘：五号、六号、七号墓。由安徽省展览博物馆休宁古墓清理小组发掘，工作时间1972年5月23日～7月15日，参加发掘的有陈庭猷、方笃生、李昆生、李国梁、王业友等。

第四次发掘：八号墓。由安徽省文物工作队发掘，工作时间1975年6月6日～7月5日，参加发掘的有陈庭猷、方笃生、张少安、李国梁、王步毅、葛伯和等。

在1972年第三次发掘期间，还对周边进行了考古钻探，查明还有类似的土墩墓约10座，因多种原因未能进行发掘，可惜现均已不存。

1999年，安徽省文物考古研究所又组织对屯溪、歙县、休宁等地进行了土墩墓

① 安徽省文化局文物工作队：《安徽屯溪西周墓葬发掘报告》，《考古学报》1959年第4期，第59～90页；李国梁：《屯溪土墩墓发掘报告》，安徽人民出版社，2006年；屯溪八号墓发掘组：《屯溪奕棋八号墓发掘简报》，《文物研究》第7辑，黄山书社，1991年；殷涤非：《安徽屯溪周墓第二次发掘》，《考古》1990年第3期。本书关于奕棋土墩墓的原始资料，均采自上述4篇文献，后文不再注明。

专项调查，未有新发现。

（二）墓葬分布

新安江流域地貌以山地、丘陵为主，主要有黄山山脉、天目山脉、白际山脉、五龙山脉等，支流众多，河流多源短流急、落差较大。河流发育不断侵蚀丘陵山地，沿河流形成大小不同的山间盆地。屯溪，就坐落在沿江最大的盆地中，奕棋这个当年的小山村也已经变成了繁华的城区。由于当时的考古发掘没有更多的记录手段，留下的信息较少，已经难以恢复初始的地貌，也不知有多少土墩墓被毁坏。只能根据发掘记录，大致了解经过发掘的 8 座墓葬的分布情况。

这 8 座土墩墓均分布在隆起的岗地上或在岗地的边缘，有隆起的封土墩，一墓一墩，有的封土墩上还埋葬有汉代砖室墓。各墩之间相距 50 米至近千米不等，较为集中。

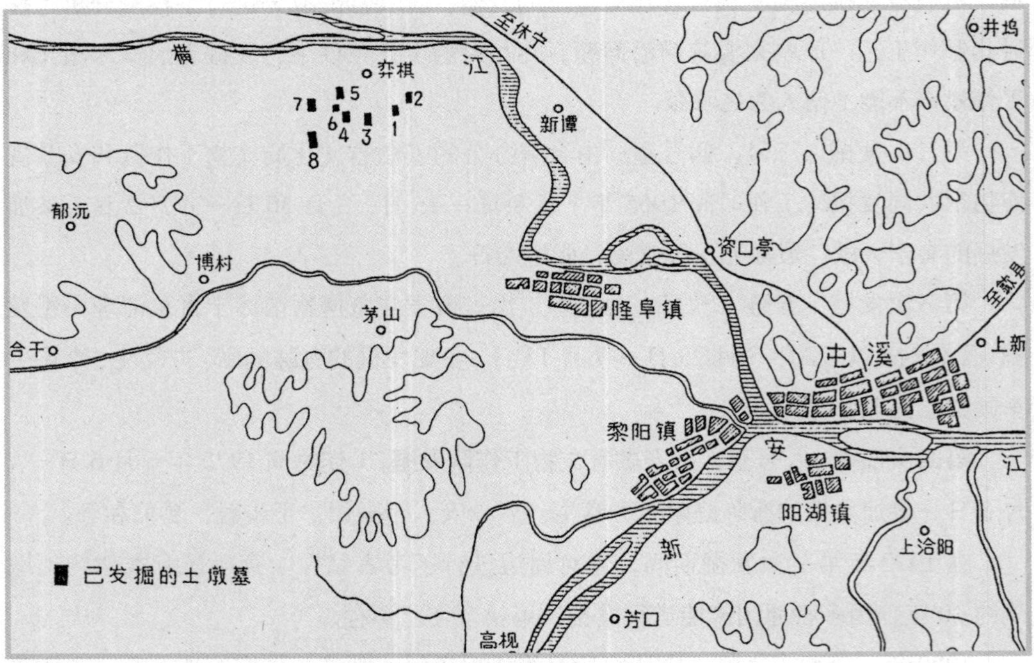

屯溪奕棋土墩墓位置和分布示意图

土墩墓是商周时期流行于中国东南地区的一种特殊的埋葬形式，主要分布在浙江省、江苏南部、福建北部和江西东南部。土墩墓堆筑有高大的封土墩，呈圆形或椭圆形，多选址在低山岗上或低矮的岗地上连片分布。其主要特点是将地面简单平整后直接营建，不挖墓穴或挖浅墓穴，底部常用土、石铺垫棺床，随葬器物以印纹陶器和原始瓷器为主，有的一座土墩只有一座墓，称为一墩一墓。有的在一座土墩中埋多座墓、称为一墩多墓。土墩墓一般认为是吴越族的墓葬，但在已经明确为越族的土墩墓中，还有在墓中用石块构筑墓室和用木材构筑墓室两种形态，分别称为“石室土墩”和“木室土墩”。

新安江流域是土墩墓的重要分布区之一。在1959年安徽省文物工作队发掘了屯溪2座西周时期土墩墓之后，经过长期的普查和土墩墓专题调查，并利用遥感技术手段对土墩墓重点分布区进行详细探查，基本掌握了土墩墓在安徽境内的分布情况。安徽地区土墩墓均分布在长江以南，其分布的西界大致在秋浦河—九华山—黄山一线，大致可分为四个小区。

一是郎川河流域区，与江苏、浙江相邻。土墩墓多坐落在丘陵地区的低山岗垅上，外观都呈馒头状，底平面为圆形或椭圆形。2008年在广德赵联村等地发掘土墩墓20多座，有一墩一墓、一墩多墓，墩中的单体墓多数有长方形浅坑。① 可分为西周后期和春秋前期两期。二是漳河流域区。土墩墓多坐落在低山丘陵地区的岗垅或山顶上，多为集中成片分布，有数十座、数百座至上千座连成一片。如南陵县葛林乡千峰山土墩墓群，② 在近10平方公里范围内，尚存土墩墓千余座，均呈馒首状，外观浑圆，大多为一墩一墓，平地起封，不挖墓穴，极少数在生土层上挖长方形浅坑。在南陵千峰山、③ 龙头山 ④ 和繁昌平铺 ⑤ 等地发掘土墩墓100多座。可分三期，第1期为西周前期略偏晚阶段，第2期为西周后期，第3期为春秋前期。第三是九华河流域区。分布在低山或平畈中，比较零散。在青阳庙前等地清理土墩墓近10座，封土经夯实，一部分墓不挖墓穴，随葬品放置在底部平面上；一部分挖竖穴浅土坑。⑥ 分为两期，第1期为西周后期，第2期为春秋前期。土墩墓出土器物有铜器、夹砂陶器、印纹硬陶器和原始瓷器几大类，另有少量石器。

---

① 安徽省文物考古研究所：《安徽宁国市安友西周古墓群发掘简报》，《文物研究》第十四辑，黄山书社，2005年；宋永祥：《郎溪土墩墓初探》，《文物研究》第二辑，1986年。

② 宫希成：《南陵县千峰山土墩墓群遥感考古研究》，《文物研究》第十二辑，黄山书社，1999年。

③ 安徽省文物考古研究所：《安徽南陵千峰山土墩墓》，《考古》1989年第3期。

④ 安徽省文物考古研究所：《安徽南陵千峰山土墩墓》，《考古》1989年第3期。

⑤ 杨鸠霞：《安徽省繁昌县平铺土墩墓》，《考古》1990年第2期。

⑥ 石谷风：《青阳出土的西周晚期青铜器》、《安徽文博》总第3期，1983年；朱献雄：《安徽青阳出土的春秋时期青铜器》《文物》1990年第8期。

新安江上游则自成一区，主要分布在山间谷地，1959年至1975年间在屯溪奕棋等地发掘8座。其出土器物风格独特，自成一体，与其他区差异较大，而与浙江西南部淳安等地文化面貌较接近。关于屯溪奕棋土墩墓的风格特征及其属性、族属等问题将在后文介绍。郎川河区则与江苏高淳、溧阳等地土墩墓一致。漳河和九华河区面貌略为复杂，一方面，其总体特征与江苏宁镇地区有很多相近之处，另一方面，又具有很强的区域性文化特征，如束腰平底双系耳甗、平裆鬲、双耳高领印纹的陶罐等，都不见于其他地区，这与遗址所反映的文化面貌相吻合。①

皖南的土墩墓自西周早期开始出现于漳河流域，并延续发展至春秋前期。春秋中晚期开始，挖墓穴、夯封土的做法渐渐地多起来。1995年发掘的青阳县龙岗春秋晚期墓葬，为土坑竖穴墓，墓坑长5.4米、宽3.9米、深3.2米。坑内置木棺，四周用青膏泥填实封闭，已经是典型的土坑竖穴木椁墓。②

二、墓葬形制与结构

8座墓葬封土墩的外观近圆形或长椭圆形，平地起封，封土结构松散（未夯打），不挖墓坑。根据发掘情况可知墓葬的营造过程，先将墓葬底部地面整平，用采自附近河滩的卵石在墩底部中央铺垫出棺床范围，葬人、放置器物，然后堆筑封土。发掘前墓葬已受不同程度破坏，封土现存最大直径30多米，最高4米。8座墓葬均未发现人骨和葬具。

但各墓的具体情况又有所不同。

三号墓封土东西长33米、南北宽26米，高3米。墓底部未用卵石铺垫，系利用原岗坡稍加削平，修整出墓底平面，随葬器物放置在9米 ×6米的范围内，没有明显的界线。在封土高2.5～2.8米处，有一层10～15厘米厚的砾石层。

---

① 宫希成：《皖南地区土墩墓初步研究》,《长江流域青铜文化研究》,科学出版社,2002年；杨楠：《商周时期江南地区土墩遗存的分区研究》、《考古学报》1999年第1期；杨楠：《江南土墩遗存研究》,民族出版社,1998年。

② 青阳县文物管理所：《安徽青阳县龙岗春秋墓的发掘》,《考古》1998年第2期。

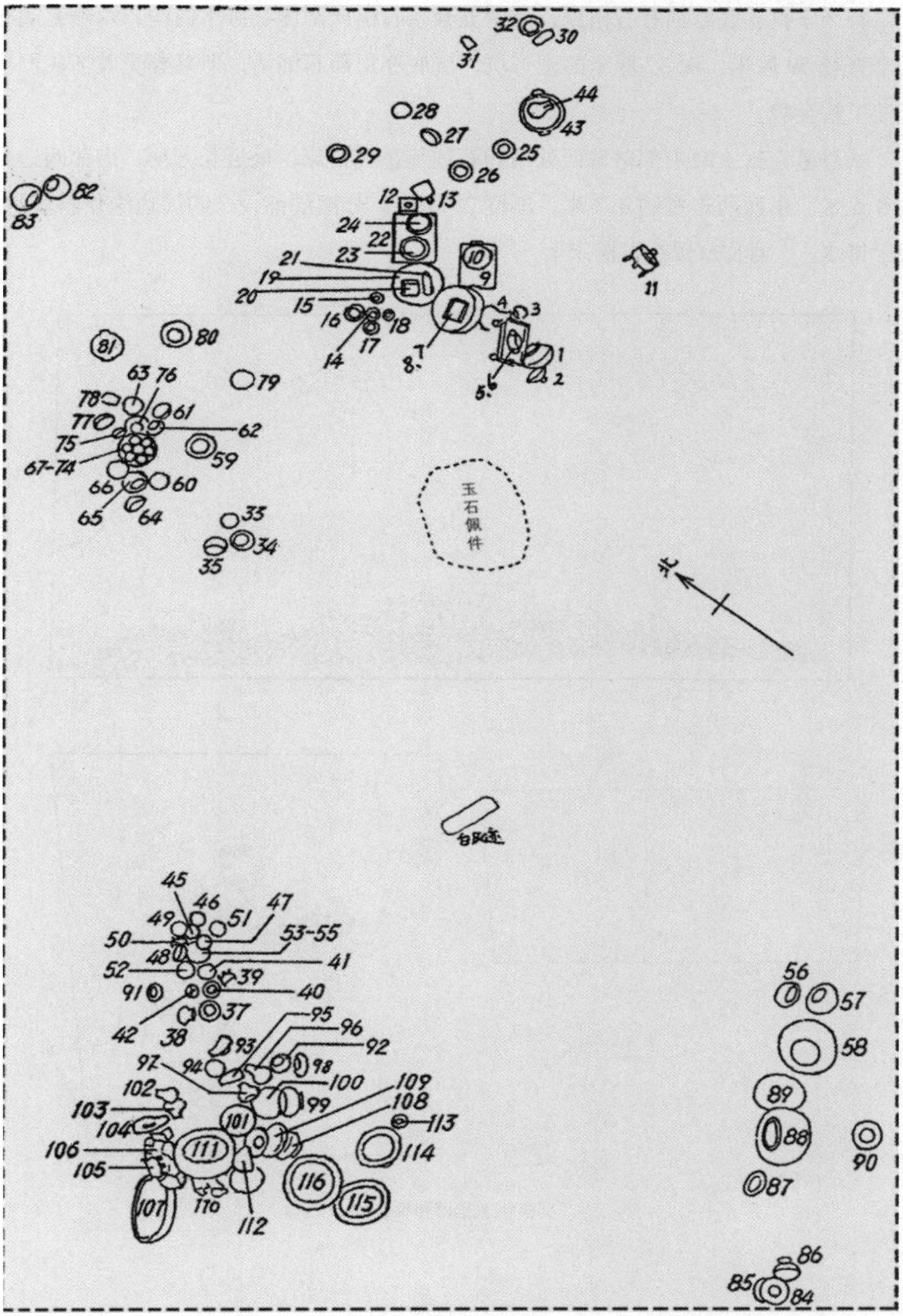

奕棋M3器物分布图

有 7 座墓葬底部铺有石棺床。其中五号墓石棺床两侧有排水浅沟。六号墓底有一个直径 59 厘米、深 32 厘米的圆形坑，坑底亦用卵石铺垫，但墓葬受破坏较严重，无法了解全貌。

一号墓在封土墩中部略偏西处用卵石铺垫墓底棺床，呈近长方形，南北两边长约 8.5 米、东西两边宽约 4.3 米，厚度 25 厘米，分两层铺设。四周边缘作斜坡状，便于排水。[①] 器物放置在石棺床上。

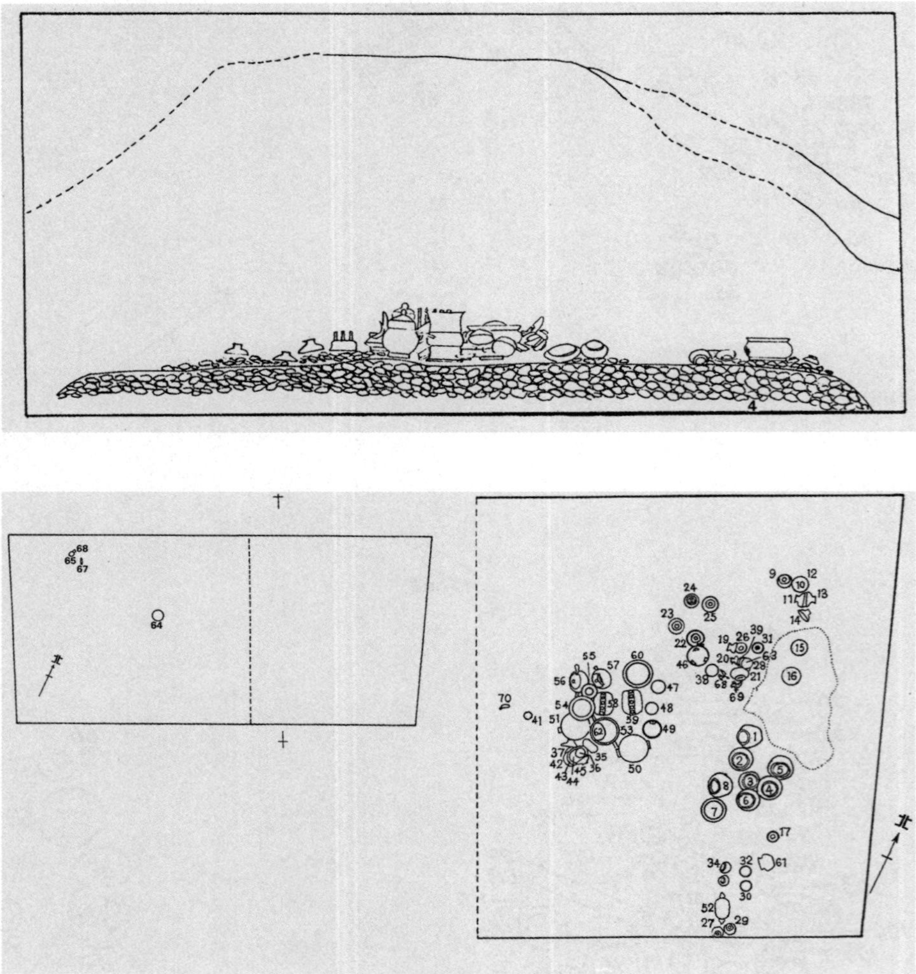

奕棋M1剖面图和平面图

① 原报告描述不清楚，疑有排水沟槽。

四号墓在发掘前，封土接近削平，残高约 1 米，并仅存局部。残存的墓底东侧卵石铺成单行形成弯曲的石边，西侧用卵石铺设一条宽 50 厘米、长 670 厘米的条状堆积。二者之间放置器物，但未铺设卵石。

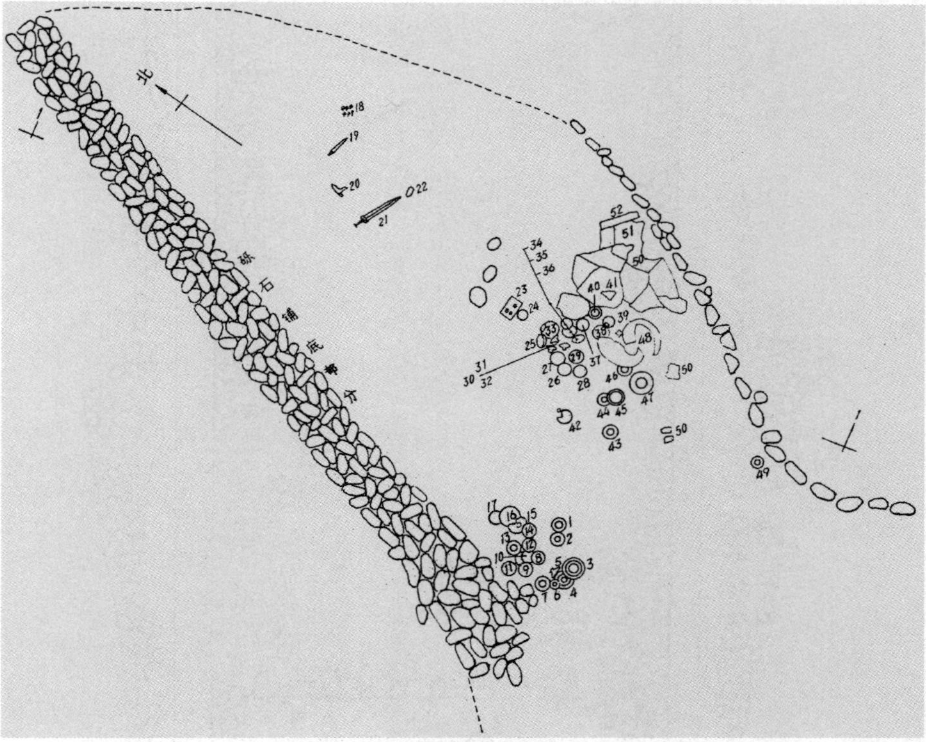

奕棋M4平面图

五号墓底部铺设厚约 25 厘米的长方形的石棺床，长边两侧有排水沟槽。排水沟槽以内的长度 8.8 米、宽 4 米，形成规矩的长方形棺床。

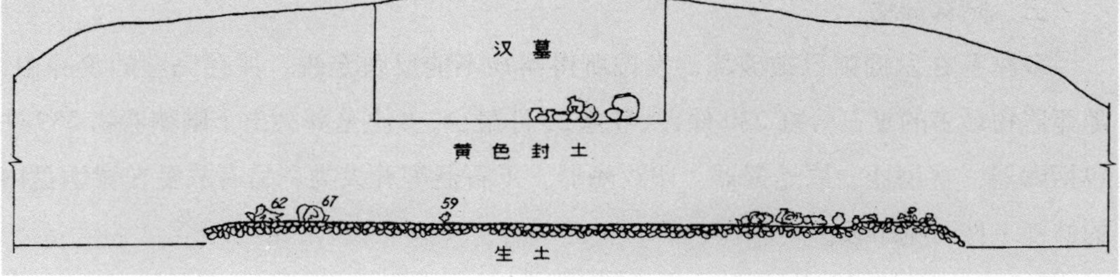

M5剖面图

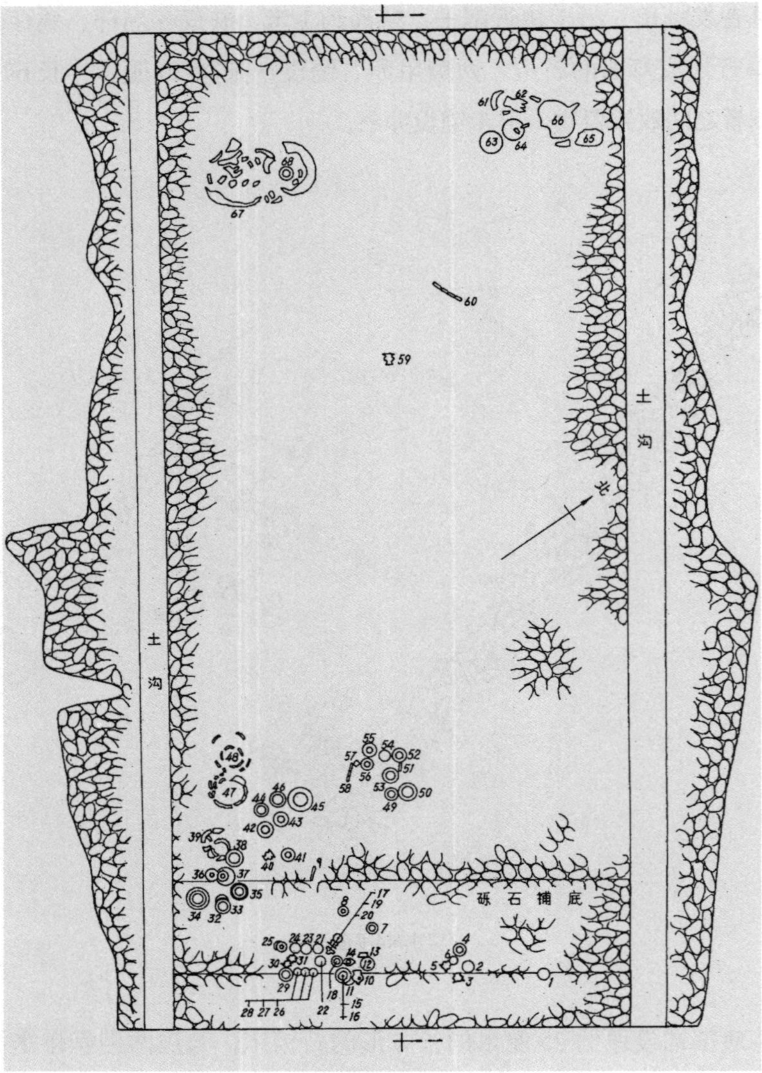

M5平面图

三、随葬器物

多座墓在发掘前已被破坏，发掘所得器物不能反映全貌。保存完整的墓葬中，随葬器物最多的是三号墓230件，八号墓20件最少。8座墓葬共出土随葬器物539件，包括陶器、青铜器、原始瓷器、印纹陶器、玉石器等五大类，另有放置在青铜盘内的蚌壳1件。见下表。

屯溪奕棋土墩墓葬出土器物统计表

墓号	陶器	铜器	瓷器	印纹陶器	玉石器	其他	合计
M1	1	18	68		4		91
M2	4	3	3	1	2		13
M3	16	54	89	13	57	蚌壳1	230
M4	1	13	55		1		70
M5	7	7	55	7			76
M6		1	18				19
M7		10	8	1	1		20
M8		1	15	1	3		20
合计	29	107	311	23	68	1	539

(一)陶器和玉石器

陶器共29件，分别出土于M1、M2、M3、M4、M5中，有部分陶器因陶质太差、破碎严重不能修复而未统计。陶质有泥质灰陶、夹砂红陶等，器物种类有鼎、鬶、盉、罐、盘、钵、器盖、纺轮、陶拍等。其中纺轮有16件，均为算珠形。发掘报告未提供相关线图和照片，因此大部分陶器难窥细节。

奕棋M3出土陶纺轮

奕棋M3出土管状串饰

玉石器共68件，其中M3就有57件。有佩饰和工具两大类。工具类主要是砺石，有9件，应是常用之物。红砂石范1件，铸造铜箭头。佩饰类出土于M1和M3这两座随葬品最多的墓葬，M1有3件，M3有55件，种类有玉管、水晶环、水晶珠、石珠、石璜、石玦、石牙状器等，均是随身佩戴的饰物。

(二)印纹陶器

又称印纹硬陶或几何形印纹陶，因其表面多拍印各种纹饰而得名。大约在新石器时代晚期出现，到周代发展到兴盛阶段，汉代逐渐衰微。这种陶器广泛分布于中国南方地区，在黄河中下游地区也有零星发现，但数量很少，新安江流域也是其重要分布区，是南方文化的代表性特征之一。

烧制印纹硬陶的原料是一种含铁量很高的黏土，质地比一般陶器细腻、坚硬，胎质颜色多呈紫色、红褐色、灰褐色或青灰色。烧成温度比一般陶器高，有的达到烧结程度，少数器物表面呈现出因窑内高温熔化而形成的光泽，似施有一层薄釉。常见的器形有罐、尊、坛、瓮、瓿、钵、盂等等。器表纹饰主要有叶脉纹、云雷纹、人字纹、小方格纹、回纹、折线纹、菱形纹、水波纹、麻布纹、席纹等。

墓号	几何印纹硬陶器				
	鼎	罐	瓮	大口尊	小计
M1					
M2		1			1
M3	2	10	1		13
M4					
M5		7			7
M6					
M7				1	1
M8				1	1
总计	2	18	1	2	23

屯溪 8 座墓葬中有 5 座墓随葬印纹陶器共 23 件。其中三号墓 13 件，五号墓 7 件，二、七、八号墓各有 1 件。器物种类有鼎、罐、瓿、瓮、大口尊，瓿的数量最多，有 16 件。器表纹饰主要有折线纹、小方格纹、菱形纹、回纹、叶脉纹等。

奕棋墓葬出土印纹陶器

鼎，盘口折颈，圆鼓腹，圜底，锥状足外撇。罐，束颈鼓肩平底。瓿，束颈扁鼓腹平底。瓮的体形较大，小口鼓肩平底。大口尊，敞口长颈鼓腹平底。

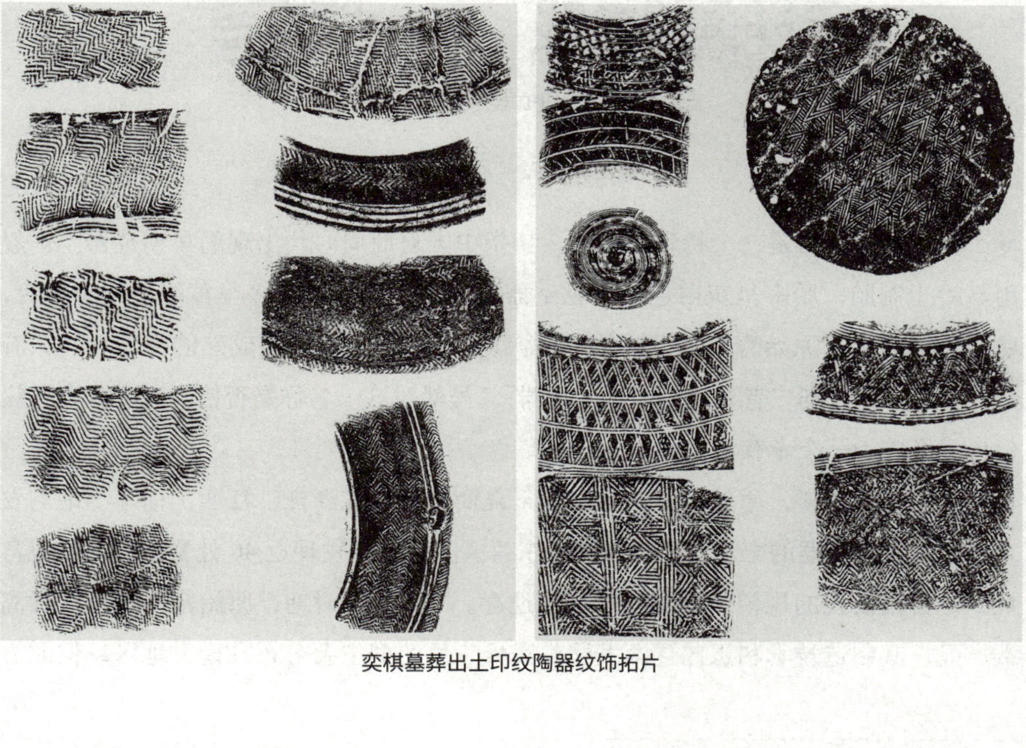

奕棋墓葬出土印纹陶器纹饰拓片

奕棋墓葬出土印纹陶器纹饰拓片

(三)原始瓷器

所谓原始瓷器是一个特定的概念，特指中国夏商周时代出现的早期瓷器。一般用高岭土制胎，胎多呈灰白色或褐色；器表面施石灰釉，釉多呈黄绿色或青绿色，所以也称之为“原始青瓷”。这种早期瓷器，与东汉以后发展成熟的瓷器相比，有诸多不同，为区别二者，称为“原始瓷器”。虽然对这一名称是否恰当科学尚存争议，但也已经成为一个专有名词。

根据考古资料，原始瓷器大致出现于夏商时期，在浙江、江西、福建等地均发现了烧制原始瓷器的窑址。浙江北部的东苕溪流域已经发现近40处夏商时期的瓷窑址，是目前发现的规模最大的原始瓷业遗存。[①]到两周时期，原始瓷器作为一种高端产品，其制造技术和工艺逐渐发展到高峰。原始瓷主要分布在南方地区，但北方

---

① 浙江省文物考古研究所：《东苕溪流域夏商时期原始瓷窑址》，文物出版社，2015年。

也有出土。学界一般认为，原始瓷生产于南方，北方地区发现的原始瓷器也都是由南方输入的。① 与印纹陶一样，原始瓷被视为南方文化的代表性特征之一。常见的器形有豆、罐、钵、盂、尊、瓿等等。大部分器表没有纹饰。

奕棋M4原始瓷器出土情况

屯溪 8 座墓葬中共出土原始瓷器 311 件。

据发掘报告统计，三号墓有 89 件，最多；二号墓仅有 3 件，最少。器类有鼎、豆、罐、盂、钵（碗）、尊、壶、盉、瓶、杯、瓿、漏斗等，其中豆、罐、盂、钵（碗）、尊是主要的组合，豆的数量最多约占一半。器表纹饰主要有弦纹、折线纹、网纹（斜方格纹）、三角填线纹、圆圈纹、戳印纹、刻划纹等多种，此外还有些贴塑装饰。按用途分，有盛贮器、食器、酒（水）器等，均属生活用品类。

奕棋墓葬出土原始瓷器

① 也有观点认为北方的原始瓷器是生产于本土，安金槐先生最早提出这一观点。参见《关于我国瓷器起源问题的初步探讨》，《考古》1978年第3期。

奕棋墓葬出土原始瓷器

从器物表面观察，为灰白胎或泛黄的近褐色胎，多以泥条盘筑法塑形，辅以轮制成型，器物内壁或底部可清楚地看到泥条圈叠或按压抹平、轮旋的痕迹。青釉，发掘报告统计分两种：青黄釉约占70%，灰黄釉约占22.5%，有些釉层较厚不易脱落，极少数器物在内外表和底部均施满釉。

鼎仅1件，短沿侈口，鼓腹下垂，锥状足外撇。腹上部饰3对泥饼状贴塑。豆，浅盘矮圈足，盘口有敞口、敛口、直口之分，其中敛口和直口豆盘为折腹。钵（碗、盏），多直口或侈口，矮圈足，弧腹，部分折肩。罐类，数量最多的是折颈鼓腹平底罐，另有饰瓦棱纹的筒形双耳圈足罐和素面腹部下垂的平底罐各1件。尊的形态较复杂，粗略可分三型：一型是折肩平底尊，肩部设对称的兽形双耳；二型是敞口长颈鼓腹平底尊；三型是盘口鼓腹圈足尊，亦称三段式尊，全器由盘口、腹部和圈足三部分组成，特征明显。瓿为短沿扁鼓腹圈足。盂，形体宽扁，圈足，有侈口、直口和卷沿之别。盉分两种，一是卵形盉，器身似卵形，一侧有鋬手，管状流，圈足；二是提梁盉，器身较扁，矮圈足。壶（瓶）有2件，其一为小口短颈鼓腹圈足，侧面装一个宽带把手；其二为小口扁鼓腹圈足，腹部贴泥条装饰。圆座碗组合2套，一套8件（座1碗7），高圈足圆座，座面圆平，中间一圆孔，面上置放7个小碗（钵），中一外六，排列呈六瓣花形，中间一碗略高，其余六碗粘连在座面上；另一套6件（座1碗5），座面上5个小碗（钵），中一外四，排列呈四瓣花形。漏斗1件，倒置如伞盖，敛口，下伸出中空圆漏管，管孔径1.8厘米，通体饰弦纹和棘刺纹。

型式 年代	A型	B型	
		Ba	Bb
西周早中期	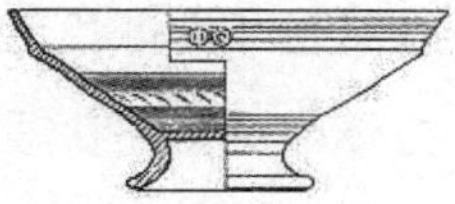 M3:049 Ⅰ式	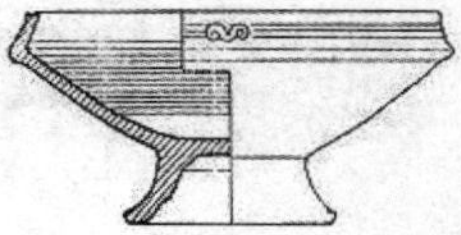 M3:62 Ⅰ式	
西周早期偏晚至中晚期	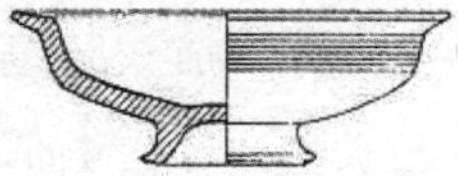 M1:23 Ⅱ式	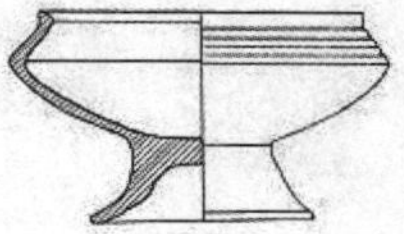 M1:8 Ⅱ式	 M1:5 Ⅰ式
西周晚期至两周之际	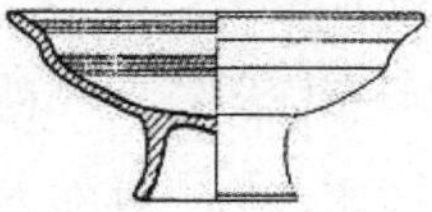 M4:31 Ⅲ式	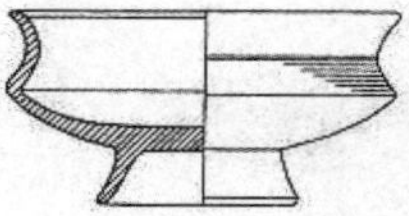 M5:25 Ⅲ式	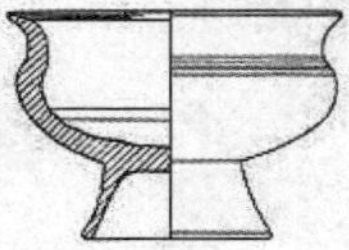 M7:10 Ⅱ式
两周之际		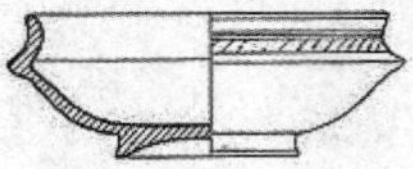 M8:4 Ⅳ式	

奕棋墓葬出土原始瓷豆型式图（据王昌月《安徽屯溪土墩墓与休屯盆地区域文明研究》）

（四）青铜器

8座墓葬共出土青铜器107件，最少的仅出1件兵器，最多的M3出土54件。这是新安江流域出土青铜器最多的地点。

奕棋M3部分铜器出土情况

器类主要有鼎、簋、尊、卣、盘、鉴、壶、盉、盂、方座、刀、剑、戈、矛、镞、斧等，还有些在别地从未发现过的特殊器形如有柱器等。鼎、簋、尊、卣、盘、鉴等

奕棋墓葬出土铜器

是作为身份象征的礼器使用的。鼎有圆鼎、方鼎两种，其中圆鼎又有柱状足和尖锥状足之分；方鼎为长方体鼎身，柱状矮足。簋分有耳和无耳两类，其中有一件“双腹”簋造型特别，在原有的扁腹之上又加一段，形成双层腹式样，口上置盖。尊为三段式，喇叭形大敞口，长颈鼓腹圈足。卣均带提梁，其中两件有铭文，一铭“公作宝尊彝，其子孙永用”，一铭“作宝尊彝”。方座形有柱器物，一种为单柱，可能是鼓座，另一种在方座立有五柱，座身饰云纹。方鉴饰满细密繁复的纹饰。盘亦有圆盘、方盘两种，其中一件圆盘盘壁做成云纹状镂空，盘底饰盘龙纹，比较特殊。

按用途分，有盛贮器、食器、酒（水）器、兵器及饰品等种类。青铜器外表大多装饰纹样精美细腻，主要有兽面纹、龙纹、凤鸟纹、兽纹、蛙纹、蝉纹、乳钉纹、云纹、雷纹、圈点纹、折线纹、涡纹、绳纹、棘刺纹、方格纹等，加上各种纹样的变化，有数十种之多。少数器物还镶嵌有绿松石等饰物。纹饰主题有两类：一是动物类，以现实常见动物或传说中神化的动物（神兽）为原型或加以变化，或写实或抽象；二是几何图案或几何形图案组合。

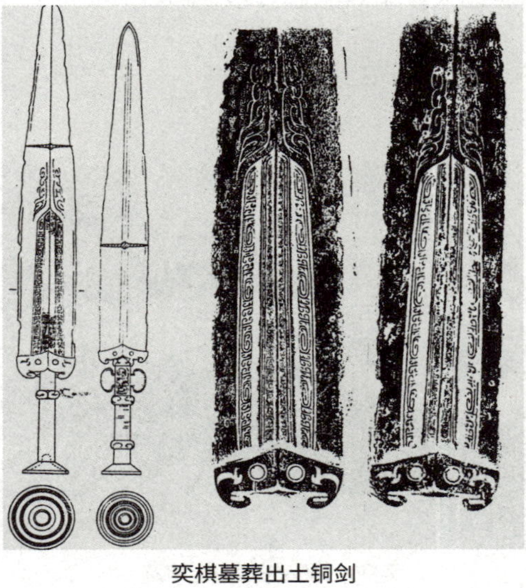

奕棋墓葬出土铜剑

若从器物形态及纹饰风格来看，可分三类：第一是比较典型的北方中原地区的形态，可称为中原型；第二是器物形态几乎与中原地区同类器物相同，但局部有变化的，即加入了地方特点，可称为融合型；第三是在中原地区及周边从未发现过，或少见的特殊器形，可称为本土型。

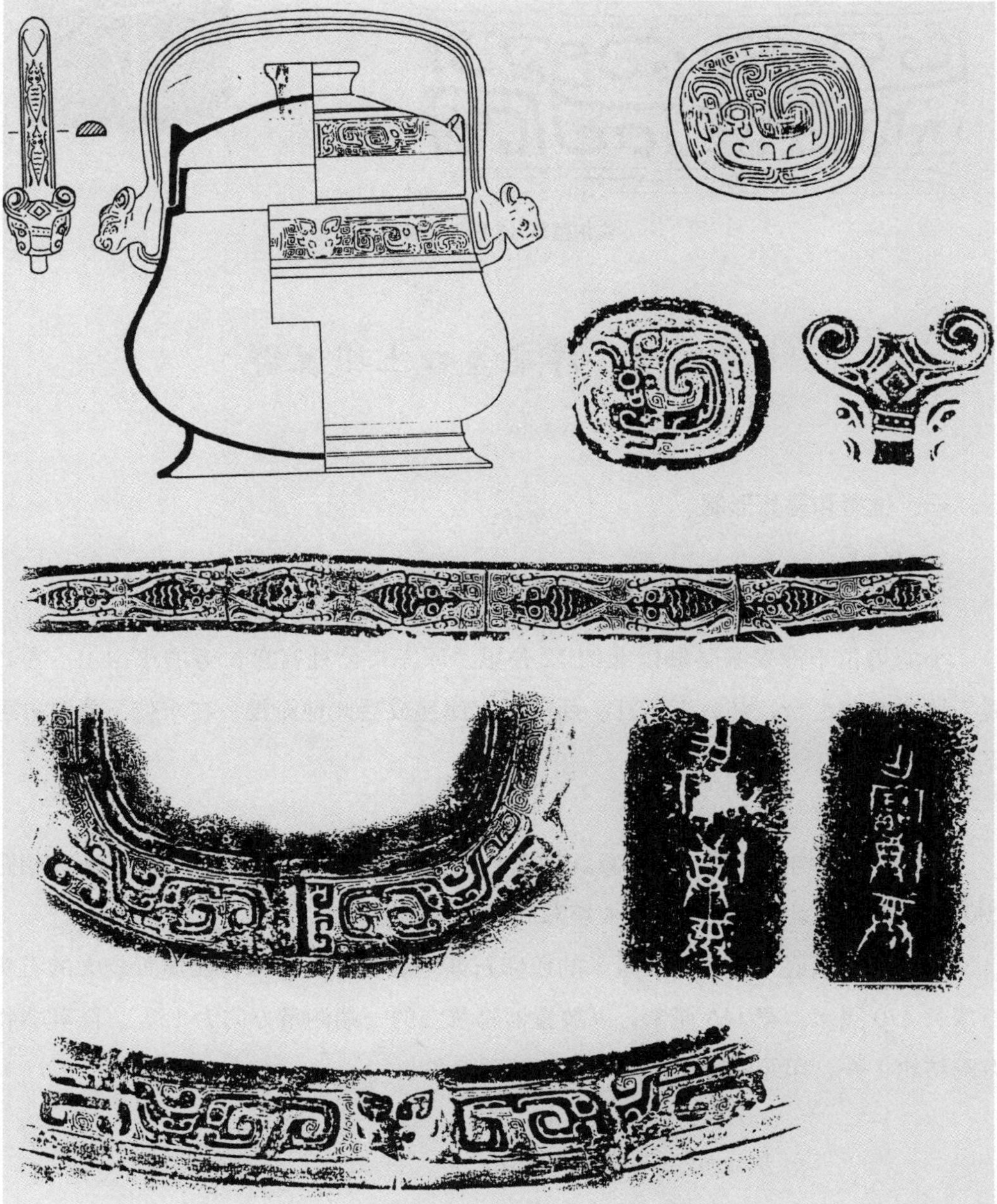

奕棋墓葬出土铜卣及纹饰、铭文

奕棋墓葬出土铜瓿及族徽

第二节　淳安左口土墩墓群

一、位置和墓葬形制

(一)位置

1979年秋，浙江省考古所在淳安县小塘坞遗址清理了5座土墩墓。①

小塘坞位于淳安县县城以北约12公里，原左口公社富息村旁的小山上。左口溪与贤溪在此汇合，注入新安江。新安江水库建成后此地淹没，在水位下降时方可见到。

(二)墓葬形制

5座土墩墓均未见墓坑和葬具，地面封土已无形迹。2座在小塘坞、3座在相距200多米处的施家凸岗坡。其中4座墓底铺垫鹅卵石。

一号墓：墓底用2.5～8厘米的鹅卵石铺垫成长方形石床，四周置较大的石头。石床长470厘米、宽165厘米，以放置器物较多的一端测量方向为157°。随葬器物有陶纺轮1件、印纹陶罐1件、原始青瓷器9件。

① 浙江省文物考古所：《浙江淳安左口土墩墓》，《文物》1987年第5期。

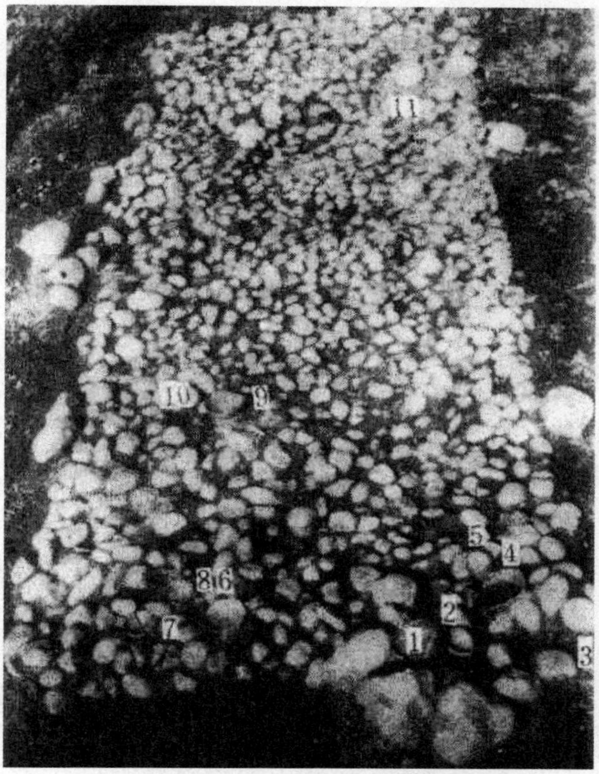

左口M1墓底部铺垫的石床(图中数字为随葬品)

三号墓：方向106°。发掘前已被水冲掉一小部分。墓底用鹅卵石铺垫成厚12～15厘米的石床，全长580厘米、东宽160厘米、西宽195厘米。营建方法是先在山坡低处（东端）堆放大石头，然后铺垫鹅卵石，最后以小石头整平，两侧做成坡状。随葬原始青瓷器13件。

二、随葬器物与年代

(一)随葬器物

5座土墩墓共出土随葬器物44件。

原始青瓷器41件，胎质灰白或泛黄，壁、底较厚，器型较小且不太规整，常见内底螺旋纹、外底有线割痕迹。多内外施釉，釉色青黄或略灰，有脱釉现象。

原始青瓷器种类有双耳罐、筒形罐、单耳罐、碗、盏、盘、碟、豆、盂、盅等。双耳罐敞口，圆肩，平底，肩部附对称的兽耳，腹部饰菱格纹。碗盏类有矮圈足和假圈足两种。盂均为折肩圈足，有的在肩部饰“S”形贴塑。

印纹陶深腹罐 1 件，口近直、平底，腹部略鼓，腹饰方格纹，高 19.2 厘米。

陶纺轮 1 件，形如算盘珠，直径 3.1 厘米。

青铜矛 1 件，断面呈菱形，扁圆銎，残长 8 厘米。

另在施家凸采集到敞口长颈印纹陶尊（残）1 件。

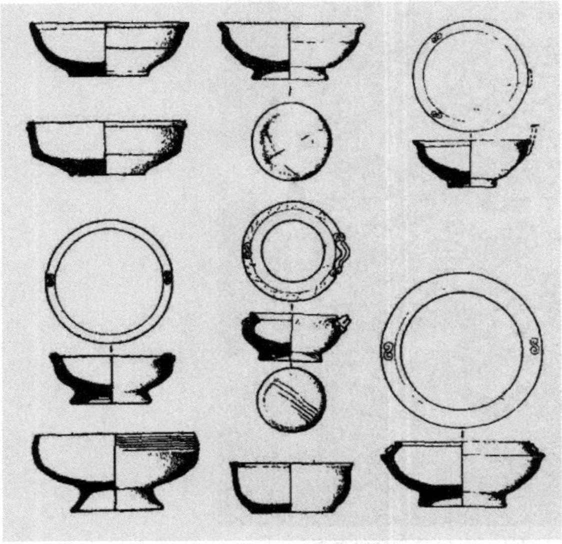

左口土墩墓出土原始瓷器

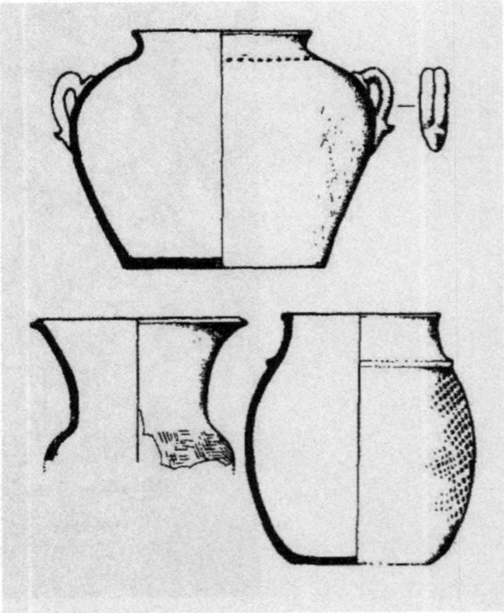

左口土墩墓出土原始瓷双耳罐和印纹陶器

左口土墩墓出土器物统计表

墓号 / 器物	M1	M2	M3	M4	M5
原始瓷器	9	2	13	13	4
陶器	1				
印纹陶器	1				
青铜器				1	
合计	11	2	13	14	4

（据《浙江淳安左口土墩墓》发表的数据统计）

(二)墓葬年代

发掘者把 M5 年代定为西周晚期墓，M1 ~ M4 为春秋早期墓。并根据当时所获的资料，认为地处今钱塘江上游的金（华）衢（州）盆地，与皖南山区的屯溪一带，当时的文化面貌基本相同。

第三节 其他发现

一、新州遗址第三期遗存

歙县新州遗址第三期是西周时代的遗存，主要以印纹硬陶器为主，还有少量原始瓷、夹砂褐陶和夹砂红褐陶器。

印纹陶器以罐（瓿）类为多。器物形态大多相同，为侈口，束颈，鼓肩，平底。口沿唇面有一周凹槽，颈部饰多周弦纹或凸棱，肩部和器身饰交叉刻划纹、方格纹、水波纹、菱形纹、席纹等。有饰席纹的宽带状贯耳、牛鼻形耳和鋬手等附件。

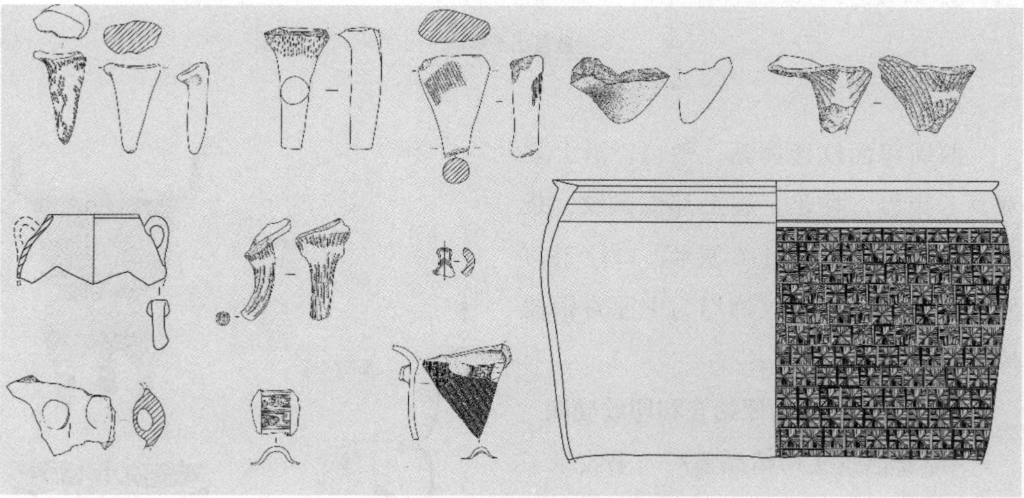

新州遗址第三期部分陶器标本

另有深腹罐 1 件，斜折沿，肩部略凸，腹下部向内收，器身饰方框米字形纹饰。

夹砂陶器均为鬲（甗）类的足，未见其他器形。分圆锥形足和圆柱形足两种，足跟部饰绳纹，足下端部分绳纹多被抹去。另有饰绳纹的牛角形把手等。

此外，在绩溪胡家村遗址和休宁溪北遗址发掘中也发现少量西周时代的遗物，但都出土于表土层。在休宁典口、徽州区桐子山等遗址的调查中也采集到此类印纹陶器和夹砂陶器。与新州遗址发掘出土的基本相同。

二、歙县浦口村出土青铜器

歙县浦口村出土青铜鼎、甗各 1 件，现收藏于歙县徽州文化博物馆。①

春秋素面鼎，折沿、沿上立双耳，鼎足外撇。通高 13.2 厘米、口径 13.4 厘米。此鼎形制为典型的越式鼎。

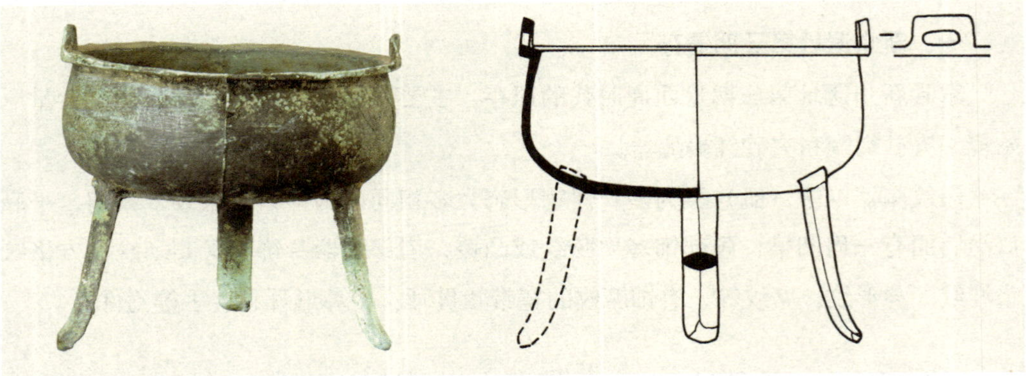

歙县出土铜鼎

西周兽面纹连体甗，敞口，沿上立双耳，束腰，柱足。腹上部饰雷纹、袋足饰兽面纹。通高 41.6 厘米、口径 28.7 厘米。此甗造型和纹饰均为中原青铜器风格，非本地区产品。

三、淳安出土的原始瓷和印纹硬陶

《淳安馆藏文物精品集》一书收录了淳安县博物馆收藏的一批西周—战国时代文物，但未说明器物的出土地点和来

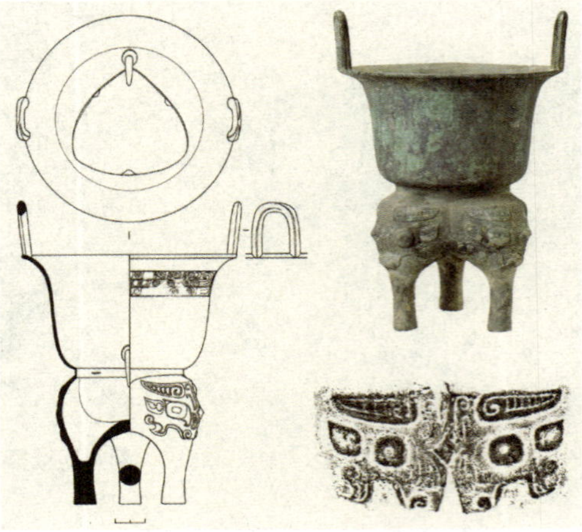

歙县出土铜甗

① 安徽大学、安徽省文物考古研究所：《皖南商周青铜器》，文物出版社，2006年。

淳安出土原始瓷器和印纹陶器

源。[①] 其中原始瓷器 9 件，印纹硬陶器 13 件。

瓷钵（碗）2 件，一件敛口，圆唇，矮圈足，一件折沿，平底，均施青釉。

瓷盂 3 件，其中 2 件均为卷沿，折肩，矮圈足，施青釉，一件肩部饰篦点纹和 4 个横向的“S”形贴塑装饰，一件肩部饰篦点纹和索状系；另一件为折沿折肩平底，肩部有竖向的“S”形贴塑装饰。

瓷盏 1 件，敞口，弧壁，平底，施青釉，内壁有清晰的螺旋状旋纹。

① 鲍艺敏：《淳安馆藏文物精品集》，西泠印社出版社，2015年。

双系罐 1 件，短折沿，鼓腹，矮圈足，施青釉，高 5.7 厘米、口径 6.8 厘米、腹径 10.7、底径 7.2 厘米。

瓷盅（杯）1 件，直口，直壁，平底，施釉较浅。

瓷双耳罐 1 件，小口，折肩，深腹，平底，肩部双系耳，饰弦纹，釉脱落较多。

陶璧 1 件，仿玉璧形制，红褐色、圆形，璧面饰连珠纹，外径 14 厘米、内孔径 4.5 厘米、厚 0.9 厘米。

陶钵 1 件，敛口，尖唇，圆肩，平底，肩部饰条纹和篦点纹。

陶瓿 2 件，短折沿，扁圆腹，平底，分别饰方格纹和米字纹。

陶带把罐 2 件，均为内敛小口，折肩鼓腹平底，腹部饰条纹、水波纹、折线纹，扁把手。

淳安出土原始瓷器和印纹陶器

陶双耳罐 1 件，折沿束颈，腹下垂，平底，腹上部两个对称横向的系耳，颈部饰水波纹，器身饰折线纹。

陶折沿深腹罐 1 件，圆肩，平底，高 23.7 厘米，饰米字纹。

陶敛口无领罐 2 件，腹微鼓、平底，分别饰细密的麻布纹和米字纹。

陶敛口折肩罐 1 件，短沿，平底，肩部饰水波纹和两个横向的“S”形贴塑装饰。

陶敛口圆腹罐 2 件，均平底，器形矮扁，分别饰水波纹和菱形填线纹。

第四节 新安江流域周代遗存的年代

一、屯溪8座土墩墓年代的争论

屯溪奕棋土墩墓群是新安江流域资料最丰富的两处周代考古遗存。

屯溪奕棋土墩墓因其出土文物中有大量原始瓷器、印纹陶器，与以往所熟知的中原地区文化明显不同。特别是有大量的青铜器出土，在南方地区是罕见的。发掘资料公布后，即引起学界极大关注。研究的焦点之一，就是年代问题，围绕着年代问题的讨论出现了很大的争议。

1959年发掘的屯溪一号墓和二号墓，发掘者将其年代定为西周中、晚期。[①]《安徽屯溪周墓第二次发掘》判断M3的年代为西周晚期，M4可能比M3稍晚。[②]《屯溪奕棋八号墓发掘简报》[③]对此提出质疑，并对年代问题进行了讨论，“1959年的发掘报告整理者定为西周。后经1965年、1972年和此次发掘，共八座墓葬究竟相当于什么时代，拿什么作为比较的标准，是照套第一次的发掘报告，还是客观地反映实际。很显然，在没有准确的文字纪年以前，我们只有仍以青铜器来与中原地区作比较……参加后几次发掘的同志，大多肯定这里8座墓葬的时代，应是春秋晚期到战国早期”。二者对墓葬年代的判断相差甚大。2006年《屯溪土墩墓发掘报告》出版，该报告集中发表了屯溪8座墓的资料，报告作者认为8座墓的年代是春秋晚期到战国早期，并按时间先后给出8座墓的排序：M3 → M1 → M5 → M4 → M6 → M7 → M8 → M2。[④]

不少研究者也对屯溪8座墓的年代进行了讨论，总括有以下三种主要观点：西周说，8座墓的年代都在西周范围内，M1和M3两座墓更早到西周早期；[⑤]西周中期—春秋早期说，[⑥]虽然在大的时间段上一致，但对具体各墓的年代亦存在不同意见；春

① 安徽省文化局文物工作队：《安徽屯溪西周墓葬发掘报告》，《考古学报》1959年第4期。

② 殷涤非：《安徽屯溪周墓第二次发掘》，《考古》1990年第3期。

③ 屯溪八号墓发掘组：《屯溪奕棋八号墓发掘简报》，《文物研究》第7辑，黄山书社，1991年，第268～273页。

④ 李国梁：《屯溪土墩墓发掘报告》，安徽人民出版社，2006年。

⑤ 张敏：《吴越文化比较研究》，南京出版社，2018年；王俊：《略轮屯溪土墩墓群的年代与族属》，《东南文化》2008年第4期。

⑥ 杨楠：《江南土墩遗存研究》，民族出版社，1998年；付琳：《江南地区两周时期墓葬研究》，吉林大学博士学位论文，2014年；王昌月：《安徽屯溪土墩墓与休屯盆地区域文明研究》，《东南文化》2019年第3期。

秋晚期—战国早期说。[①]

之所以在墓葬年代问题上产生较大的认识差距，根本原因还在于研究者不同的观察视角和判断年代方法的区别。春秋晚期—战国早期说主要关注点放在青铜器上，通过研究分析青铜器形态并将其与中原地区已知的年代相对明确的同类器进行对比，得出结论。考古学文化的传播是文化因素的传播，一个考古学文化的因素传播到另一个考古学文化的过程，特别是远距离的传播，会受到各种条件的影响，也可能会造成文化因素内涵的衰减和形态的变异，有时文化传播会有一定的滞后。单纯依靠某一类器物对比显然存在着很大的局限性。西周说和西周中期—春秋早期说更多把屯溪 8 座墓放在时代大背景下综合考察，将墓葬形态、各类随葬品的形态特点等文化因素，既与中原地区对比，也与周边地区对比，其结论更有说服力。

二、新安江流域周代遗存年代的认识

将新安江流域周代遗存综合分析，结合浙江、江苏、安徽地区土墩墓年代的研究成果，笔者对已发现的周代考古遗存的相对年代判断如下。

屯溪奕棋土墩墓：M1、M3 约为西周中期，M3 又略早于 M1；M4、M5、M6、M7 约为西周晚期；M2、M8 约为两周之际，年代下限为西周初年。

淳安左口土墩墓：5 座墓年代均为西周晚期。

新州遗址第三期遗存：年代约为西周晚期。

淳安收藏的原始瓷和印纹硬陶器：原始瓷钵、盂、盏、双系罐约为西周晚期；原始瓷盅约为春秋晚期；印纹陶折线纹双耳罐为春秋时期、其余为战国时期。

第五节 神秘的古国

一、区域文明中心

新安江流域为古越族的分布区，东周时期应为越国的疆域，其族群也是古越族

① 周亚：《吴越地区土墩墓青铜器研究中的几个问题——从安徽屯溪土墩墓部分青铜器谈起》，香港两木出版社，1997年。

的一员。

新安江流域已经发现的周代遗存以土墩墓为主，除新州遗址外尚未发现明确的居址。出土器物以印纹硬陶器、原始瓷器和青铜器为大宗，夹砂陶器和石器较少。以印纹硬陶器和原始瓷器的特征来看，与下游钱塘江流域、沿海地区、皖浙闽赣交界地区的同时代文化面貌相近，应属一个大文化圈。

但详细分析比较，新安江流域的周代考古遗存，可以分为两个阶段，反映出动态的发展趋势。第一阶段西周—春秋早期，以屯溪土墩墓和淳安土墩墓为代表，在这一时间段内，考古学文化面貌又与周边地区存在着不小的区别，有着很强的地域文化特色，构成了一个相对独立的小文化圈，其发展水平高出周边地区。第二阶段为春秋—战国时期，春秋早期之后这种区别逐渐消失，地域特色与大文化圈融合。春秋以后，吴国、越国先后强盛起来，挤压了新安江流域的生存空间，可能就是发生这一发展走向的历史背景。

新安江流域第一阶段地域文化特色的形成和发展，受到周边地区乃至遥远的中原地区文化的影响，这点在青铜器上表现明显。

屯溪奕棋土墩墓出土青铜器一百多件，依器物形态和纹饰可分中原型、融合型、本土型三类。

中原型是直接吸收了中原地区同类器物，形态特点相同。如M1:90铜尊，敞口，长颈，鼓腹，高圈足，腹部饰兽面纹、云雷纹为地纹，内底有“父乙”铭文。M3:07铜卣，椭圆形，提梁两端作象首，长鼻内卷，碗形盖，圈足。盖、腹均饰凤纹，凤首垂冠交缠，空隙处填云雷地纹。盖、底同铭“公作宝尊彝其子孙永享用”。2件铜器在器物形态、纹饰包括铭文等，都与中原同类器风格相同。

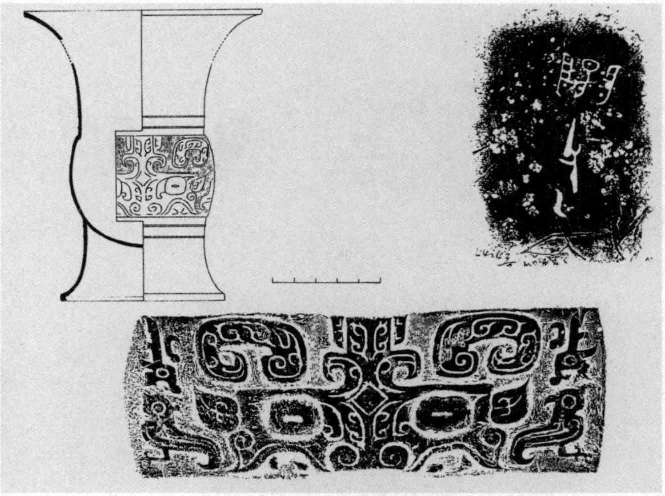
屯溪奕棋M1:90中原型铜尊

屯溪奕棋M3:07中原型铜卣

铜卣铭文

融合型是指形同中原地区同类器物，但局部有变化，或纹饰为本地风格，借鉴加改造、融入了地方特点。如 M3:06 铜簋，大圆口，扁鼓腹，矮圈足，两侧置兽耳，为典型的中原型器形；腹部饰有不规则几何图案，内填纵横平行线，则是典型的本地装饰风格。M1:94 融合型铜提梁卣，亦为典型的中原型器形，盖、腹部均饰本地风格的勾连棘刺纹。

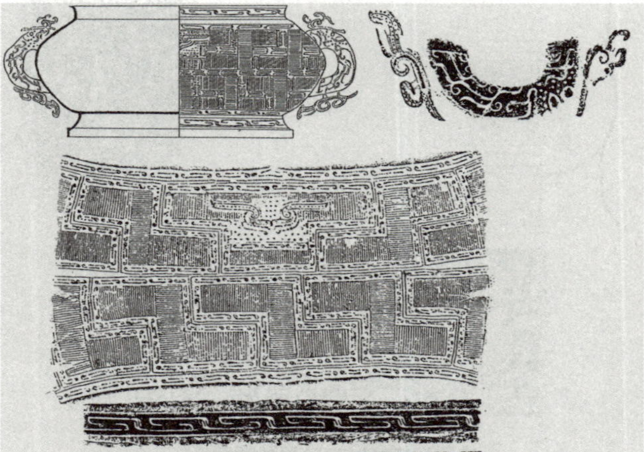

屯溪奕棋M3:06融合型铜簋

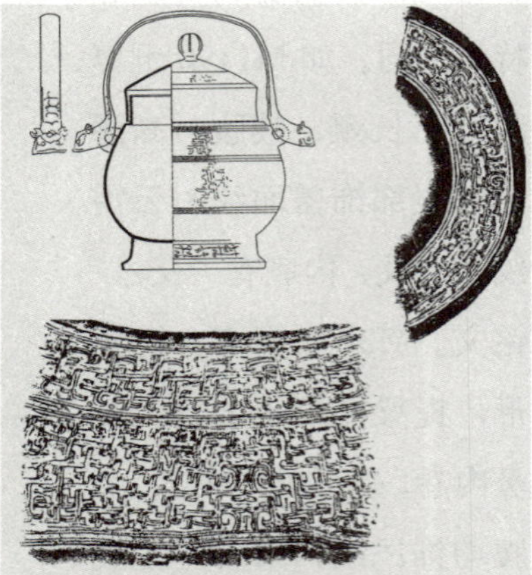

屯溪奕棋M1:94融合型铜卣

本土型是本地独有的，其他地方未见或少见的器形。如 M1:92 五柱器，空腔方座，座上有长方形凸起的脊，脊上等距立 5 根圆柱。M3:5 铜方鼎，呈长方形，平底、直壁，矮足，口边长 26.5 ~ 28.5 厘米、足高 3.7 厘米、连耳通高 22.8 厘米。M3:43 镂空铜盘，浅腹，圈足，盘腹壁云纹镂空，附耳，盘内底饰龙纹。口径 32 厘米、通高 9.5 厘米。

屯溪奕棋M1:92本土型五柱器

实际上，融合型实则也算是一种创新，其中变化改造的因素应来自本地文化传统，融合型与本土型都代表了本地文化。这些因素在春秋以后，或多或少扩散、传播到了周边地区。有研究认为，屯溪地区此时已然形成一个“具有独立铸造青铜器能力、礼制自成体系的区域文明中心”。[①]

屯溪奕棋M3:5本土型铜方鼎

① 王昌月:《安徽屯溪土墩墓与休屯盆地区域文明研究》,《东南文化》2019年第3期。

屯溪奕棋M3:43本土型镂空铜盘

屯溪奕棋M3:43本土型镂空铜盘底纹饰

二、他们是谁

西周时期，生活在新安江流域的古越族的一支，发展为自成体系的区域文明中心。种种迹象表明，以歙县—屯溪为中心，存在着一个神秘的古国。他们是谁？是尚不知名的古国还是早期的越国？

刘玉堂是较早关注族属问题的学者，他从出土文物结合文献研究，认为“屯溪周墓主人的族属，只能判于古越族”，并且论证其是越之一支——干越。[①]

郑小炉根据周代青铜器将安徽屯溪地区（包括赣东北地区）划为一个小区，认为“屯溪地区青铜器开始形成自己特色的时间主要在西周晚期到春秋前期，其他时期的铜器发现甚少。对于这群青铜器的归属，多认为是吴国青铜器，杨楠则认为包括屯溪地区在内的整个黄山—天台山以南地区属于於越的一个分支……屯溪地区土墩墓既具有较多的宁镇地区青铜文化的特征，又与浙江地区有着非常密切的联系，同时也和他们都有着较大的区别，当为不同的族属。我们推测其为干越族的遗存”“从目前的发现来看，该地有特色的青铜文化止于春秋前期，这与前面我们分析干国的灭亡时间是比较接近的……我们认为屯溪地区当为干国的重镇。而从其埋葬习俗和出土器物来看，无疑当属越族的一支……屯溪地区和赣东北地区在文化上的联系应当是比较紧密的。所以，我们认为称其为干越是比较合适的。而它们与浙江地区部分遗址出土器物的高度一致性也可能体现了干越对该地区的渗透，或者是在干越被

---

① 刘玉堂：《论屯溪周墓的族属》，《江汉考古》1986年增刊。

吴国灭亡后流亡到浙江地区的干越人，但此时其实力已经大大削弱，因此在这些遗址中再不见有丰富的铜器”。①

王俊在《略论屯溪土墩墓群的年代与族属》②一文中提出，“屯溪土墩墓群是显赫的越国贵族墓葬群。越国贵族墓葬群的发现，表明屯溪一带应为越国早期都城所在。”但并未指认都城的具体位置，目前尚无考古线索。该文还作出大胆推测，“根据越国大型城址和大型墓葬的分布，参考历史文献的记载，可大致推测越国都城沿新安江向钱塘江迁徙的轨迹，即屯溪（西周）—安吉（春秋早中期）—绍兴（春秋晚期），如果此推测不误，屯溪土墩墓群的族属应为於越”。

张敏在他的《吴越文化比较研究》③一书中，提出屯溪 8 座墓葬的国属为越国，族属为於越，屯溪与绍兴应为越国不同时期的政治中心。8 座墓均为越国贵族墓葬并进一步分出等级。“根据随葬青铜器的器类与组合，可将西周时期越国贵族墓葬分为四个等级：奕棋村 M3 为第一等级，墓主的身份应为越国国君；奕棋村 M1 为第二等级，墓主的身份可能为越国国君，也有可能是越国的王室或权臣；奕棋村 M2、M4、M5、M6 为第三等级，墓主的身份应为越国下级官吏或下级将官；奕棋村 M7、M8 为第四等级，墓主的身份应为越国下级武官”。

考古实践中，如果没有发现明确指示墓葬主人身份的信息，则一般按照墓葬的规模、形制、随葬品等综合分析，来判断墓主人生前的身份等级。屯溪 8 座墓葬即属于此类情况，三号墓随葬品的数量和器类组合明显高于其他墓，而且差距颇大，其主人身份也应是高高在上的王。

越国的历史始于西周早期，终于战国中期。《尚书 · 顾命》：“（成）王崩……越王五重……在西序。”今本《竹书纪年》：“（周成王）二十四年，于越来宾”。《史记 · 越王勾践世家》：“楚威王兴兵而伐之，大败越，杀王无强，尽取故吴地至浙江。”

越国早期历史记载甚少且语焉不详，历史文献记载的越国世系也有较大的出入，孰是孰非，不可臆断。与吴国世系一样，越国世系也是音译，也出现同名异译。张敏根据不同的历史文献或同一历史文献的不同版本，曾将越王世系进行了较细致的梳理。

---

① 郑小炉：《吴越和百越地区周代青铜器研究》，科学出版社，2007年，第177～179页。

② 王俊：《略论屯溪土墩墓群的年代与族属》，《东南文化》2008第4期。

③ 张敏：《吴越文化比较研究》，南京出版社，2018年，第261～268页。

《史记》：少康庶子……允常—勾践—鼠与—不寿—翁—翳—之侯—无强

《古本竹书纪年》：勾践（炎执）—鹿郢—不寿（盲姑）—朱句—翳—诸咎—孚错枝—初无余（无余之、莽安）—无颛

《今本竹书纪年》：勾践（炎执）—鹿郢—不寿（盲姑）—朱句—翳—诸咎—孚错枝—初无余（莽安）—无颛（炎颛卯）—无强

《越绝书》：无余……夫橝—允常—勾践—与夷—子翁—不扬—无强—之侯—尊—亲

《吴越春秋》：无余……无壬—无铎……夫橝—元常—勾践—兴夷—翁—不扬—无强—玉—尊—亲[①]

张敏参考出土青铜器铭文所记载的越王，以《史记》《越绝书》《竹书纪年》记载的越国世系排列如下：

允常（元常）—勾践（炎执）—鼠与（鹿郢、与夷、兴夷）—不寿（盲姑）—朱句（翁、子翁）—翳—诸咎—孚错枝—初无余（无余之、莽安）—不扬（无颛、炎颛卯）—无强—之侯（玉）—尊—亲

可见，屯溪的王，与文献记载的越国世系无法对应。

根据现有的考古成果，经过考古工作确认的越国王墓有如下几处。

印山王陵

位于绍兴市兰亭镇里木栅村印山山顶，1996～1998年发掘。[②]陵园由隍壕、主体墓葬构成，占地面积约8.5万平方米。隍壕长方形，东西宽265米、南北长320米，开口宽16～29米、深2.1～2.7米，四面均有宽40～60米的通道。主体墓封土呈东西向长方形覆斗状，底边

绍兴印山越王陵椁室

① 张敏：《吴越文化比较研究》，南京出版社，2018年，第35～42页。

② 浙江省文物考古研究所、绍兴县文物保护管理所：《印山越王陵》，文物出版社，2002年。

长72米、宽36米，高近10米。墓葬总长度100米，墓道向东，长54米。墓坑平面为长方形岩坑，长46米、最宽处19米、深14米。有2.5米长的甬道连接墓道。木椁呈长条两面斜坡状，横截面呈人字形，外长34.8米、宽6.7米、高约5.5米。椁分前、中、后三室，均用加工规整的巨大枋木构筑，三面髹漆。底部有厚达1.65米的木炭，外侧依次有树皮、木炭、树皮保护。底部垫有枕木，大型独木棺放置在中室，系用整根巨大圆木挖斫而成，长6.05米、口宽1.12米。由于该墓被盗严重，随葬品仅余42件（组），有玉器、石器、漆木器、陶器等。墓葬年代为春秋末期，发掘报告推测墓主人是越王允常。

绍兴平水越国王陵区

考古调查确定平水盆地是越国特大型贵族墓葬最主要的分布区。通过考古勘探发现大型墓葬24座，其中有6座“中”字形墓，规模巨大，应为战国时期越国王陵。①

安吉龙山107号墓②

位于安吉县递铺街道古城村，俗称“八亩墩”，2016～2019年发掘。由主墓、外围陪葬墓和隍壕组成完整的陵园，总面积3.5万平方米。主墓建在小山之巅，封土墩呈东西向长方形覆斗状，长56米、宽30米，高8米，墩顶海拔41.8米，与山脚相对高差19米。外围有31座小型土墩墓围绕主墓分布，布局规整有序。最外围是隍壕，呈曲尺形围绕山体一周，周长630米、宽21～23米、深1.4～1.7米。

主墓由上下两层东西向覆斗状土台及墓上封土组成，总体垂直高度15米，土台外围有规整的石块护坡和石坎。主墓开口在上层土台面上，墓坑口长15米、宽5米、深6米，斜坡墓道在西端，长9米、宽2.5～2.7米。墓室与墓道之间有草包泥封门墙。木椁室平面长方形，长8.6米、宽2.4米，复原后应为平顶箱式结构，独木棺长3.9米。主墓随葬器物有陶瓷器和玉石器两大类，因被盗组合已不完整，有以绿松石管与珠组成的冠饰、头饰和服饰。

在主墓石护坡北侧，发现一处长度达23米、宽1.3米的器物坑，坑内分段放置原始瓷器和印纹陶器，其中饮食类原始瓷器集中成组摆放在西段。印纹陶罐、坛类带盖储存器整齐摆放在中断和东段，个别罐内发现有牛骨和海产角蝾螺，推断这

① 黄昊德、田正标、游晓蕾：《越国考古》，浙江人民出版社，2022年，第273～276页。
② 黄昊德、田正标、游晓蕾：《越国考古》，浙江人民出版社，2022年，第281～288页。

安吉龙山107号墓

些器物内原应盛放不同的物品。

安吉龙山 107 号墓及陪葬墓年代均为春秋晚期，规模巨大，营建复杂考究，是最高等级的越国墓葬。

以上几处越王陵墓，年代在春秋晚期到战国时期，也是越国最强盛的时期。

与屯溪更有可比性的是衢州市衢江区云溪土墩墓，沿衢江北岸的低山岗地上，分布着不少西周时期的大型土墩墓，已经发掘的墓葬时代均在西周早中期阶段。早在 20 世纪 80 年代，衢州西山等地就发现几座西周墓葬，[①] 出土大量原始瓷器和成组玉玦。2018 年浙江省文物考古研究所在云溪乡庙山尖清理发掘一座大型土墩墓，该墓被严重盗扰，仍出土了青铜器短剑、戈、镞及青铜车马器，玉石器玦、管、璧、珠等饰品，还有折线纹硬陶瓿和原始瓷罐各 1 件。墓葬用熟土堆筑甲字形浅墓坑，墓底及周边平铺卵石，墓室总长 14.3 米、深 0.3 米，墓道向西，长 8 米、宽 3 米。木椁呈人字形坡顶，室外用木炭包裹。

① 金华地区文物管理委员会：《浙江衢州西山西周土墩墓》，《考古》1984年第7期。

衢州庙山尖墓葬椁室

衢州庙山尖墓葬青铜器出土情况

之后又在云溪乡孟姜村发掘 3 座大型土墩墓，这些墓葬在规模、形制、随葬品等方面都体现出很强的共性，概括有如下几点：均为甲字形熟土浅墓坑，墓底铺垫卵石；墓室均为人字坡结构，外用木炭包裹；墓室有前后分室；随葬品多见成组的原始瓷器、玉石器，玉器中以大小依次递减的成串玉玦最具特色。[①]

衢州孟姜三号墩航拍

孟姜一号墩出土原始瓷豆

① 黄昊德、田正标、游晓蕾：《越国考古》，浙江人民出版社，2022年，第116～118页。

云溪乡新发现的多座西周时期高等级土墩墓，为越文化研究开启了新的窗口。有学者提出，越地西部存在一个名为“姑蔑”的族群，西周时“姑蔑”的政治中心应该在衢江流域，这些大型墓葬很有可能是其统治者的墓地。这批墓葬规模浩大、营建复杂考究、随葬品丰富，特别是庙山尖土墩墓随葬青铜车马器更是南方地区罕见，彰显着墓主人身份的非同寻常。该地区文化面貌自成一体，应该存在当时的高级别政治中心。从考古学文化因素考察，与屯溪土墩墓更为接近，而与北部杭州湾地区有明显区别。

衢州云溪和屯溪是西周时期越文化的两个区域中心，两区之间有着紧密的文化联系，时间上云溪要早于屯溪。从文化特征看，这两个区域与太湖杭州湾地区应该分属越文化的不同类型。可能，这就是越文化早期的两个中心。春秋以后，中心逐步北移。

这还仅仅是我们根据考古发现所做出的推测性结论。文字记载的缺失，为了解古代社会增加了困难，考古学的探索将是一个漫长而艰辛的过程。相信随着考古发掘和研究工作的不断深入，笼罩在新安江古国头上的神秘面纱会被一点点揭开。

结 语

新安江流域早期的开发经过了曲折艰辛的发展历程，根据考古发掘和研究的成果，我们可以大致勾勒出本地区早期发展的脉络。

在 10 万年前，新安江流域就有远古人类活动。距今约 5 万年，发现有“建德人”化石，这是长江下游地区最早发现的古人类化石。

在 6000 年前，这里有马家浜文化的一支——胡家村类型，是马家浜文化中一个新发现的文化类型，目前仅发现胡家村遗址一处，资料较少。胡家村类型文化陶器以夹砂红褐陶釜类、表面有红色陶衣的圈足类器物为主，制陶等手工业水平还处于较低的发展阶段，食物来源主要靠狩猎（渔猎）和采集。

距今约 4200 ～ 4000 年，新安江流域发展为一个有自身特色的独立文化区，新州文化遗址差不多已遍布全流域。陶器以夹砂红陶或红褐陶为主，圈足尊、小口罐形鼎、水波纹鼓腹罐、圜底折肩罐、刻槽豆、长颈扁腹壶以及一些造型特异的陶器，都独具特色。专业化的石器加工和制陶业达到较高水平，出现了农业和纺织等，狩猎、捕鱼和农耕、采集并重是新州文化最主要的经济模式，社会已有分工和等级划分。新州文化的创造者其中一部分是良渚文化消亡后迁徙而来的良渚遗民。

大约相当于中原地区夏商时期，新安江流域存在着以印纹陶为主要特色的考古学文化。这一阶段此类的考古遗存都不丰富，面貌还不太清楚，发现的地点也很少，零星散布于山野之中，是本地区发展的一个低峰期。

包括新安江流域在内的中国东南地区是古越族的分布区，生活在本地区的早期先民也应是古越族的一支。

西周王朝建立后，新安江流域也进入一段相对稳定的发展期，古越族中较先进的一支建立了越国，西周时期歙县—屯溪盆地一度成为越国的中心。屯溪土墩墓规模大、营造考究，墓葬出土的大量原始瓷器、印纹陶器和青铜器，特点鲜明、制造精美，处处显示出主人身份的与众不同。春秋以后，随着越国的逐步强盛、中心北移，新安江流域的地域特色渐渐被大越文化圈融合。

先秦时期新安江流域的发展呈现出波浪式、不连续的进程，几个发展的高峰期之间存在时间上的间隔，有较长空白期。这种发展态势应与新安江流域的自然地理环境有关。自然环境对文化的形成与发展具有一定的制约作用，特别是早期人类生存能力比较低，这种制约作用更为明显。

从地形图上可以清晰地看到，新安江流域是个相对封闭的地理单元，北有天目山脉、黄山山脉，南有白际山脉，处于群山之中的新安江流域，沿河谷散布一些不连贯的、狭长而逼仄的冲积平原。与外界交流的最便捷通道就是河流。

先秦时期考古遗存发现的地点均在新安江各支流的沿岸，与下游相邻的杭州湾地区相比，古代先民生存、发展的环境要恶劣很多，与外界的交流也困难很多。歙县—屯溪—休宁一线是新安江流域最大的冲积平原，在群山环抱之中，形成一个狭长的沿河谷地，这里恰恰是先秦时期考古遗存分布的中心区域。

定居地点的选择反映了新安江流域先民对资源的利用能力和对自然环境的高度适应能力。新安江流域虽然山高水险，但气候适宜，物产丰富。自新石器时代开始，先民选择在这里定居、繁衍生息，充分利用自然资源，山中猎动物、采果实，水中捕鱼虾，更在有限的空间内开展农业种植、制陶、石器加工、纺织等经济生产活动，筚路蓝缕，用勤劳和智慧创造了颇具特色的本地文化。

先秦时期新安江流域的文化，可以视为新安文化之源。